会说话的女子 优雅有香气

罗诗雨 著

文汇出版社

图书在版编目 (CIP) 数据

  会说话的女子优雅有香气 / 罗诗雨著. — 上海：
文汇出版社, 2019.5
  ISBN 978-7-5496-2856-8

  Ⅰ．①会… Ⅱ．①罗… Ⅲ．①女性-语言艺术-通俗读物 Ⅳ．① H019-49

中国版本图书馆 CIP 数据核字 (2019) 第 078381 号

会说话的女子优雅有香气

著　　者 / 罗诗雨
责任编辑 / 戴　铮
装帧设计 / 末末设计室

出版发行 / 文汇出版社
　　　　　　上海市威海路 755 号
　　　　　　（邮政编码：200041）

经　　销 / 全国新华书店
印　　制 / 三河市龙林印务有限公司
版　　次 / 2019 年 5 月第 1 版
印　　次 / 2019 年 5 月第 1 次印刷
开　　本 / 880×1230　1/32
字　　数 / 146 千字
印　　张 / 7.5

书　　号 / ISBN 978-7-5496-2856-8
定　　价 / 36.00 元

序

人和人之间情感出现罅隙，通常是从不会好好说话开始的。

说话，不仅仅是人与人之间最基本的沟通，更是人们内心深处的情感交流。一个懂得说话的人绝对能通过"言值"为自己的颜值增光添彩，使大家透过他的话语了解他的见识。

在这个时代，人人都渴望能有机会改变自己的命运，但并不是所有人都会那么好运——有人抱怨自己怀才不遇；有人在各种挫折打击之下终日消沉，到最后碌碌无为。

其实，改变命运没那么难。比如，你说出的话会影响自己的人生，而好好说话就是改变命运的第一步。

一个人能否在第一次跟别人见面时就给对方留下深刻的印象，在于他说话是否得体。尤其是对于女人而言，拥有好的言值一定会为自己赢得好人缘——聪明女人都懂得不仅外表需要化妆，语言也需要适当地加"滤镜"。

这时一定会有人质疑：说话这么日常的事情还能上升到命运的层面吗？当你看完这本书后，便会发现这个说法并不夸张。

当越来越多的人因为内向、腼腆而"社恐"时；当大家恨不得一辈子都只用聊天工具进行交流时；当每一次打出电话之前都需要先做30秒的深呼吸时……我们不得不承认，对于任何一个人而言，表达能力都是十分重要的。

因为不会说话，我们只能跟周围的人进行最低限度的交流，但无论是在生活中还是在职场中，不会说话这件事都将成为我们人生路上的绊脚石。要知道，我们每一次开口都是一个改变自己命运的机会。

同样的场合，为什么有的人一开口就冷场，有的人却能用一句话就赢得满堂彩呢？其实，会说话并不难，只是有人抓住了其中的关键点罢了。比如，懂得幽默能为你说话注入活力。

相信你一定遇到过这样的人——在职场中，他的能力不一定是最棒的，但升职加薪的速度是最快的；讨论方案时，他的方案并不是最完美的，但总能成功获得项目资金；同样是交朋友，他似乎并没有特别付出什么，但总能受到大家的喜欢并深入大家的朋友圈。

大家明明站在同一起跑线上，而他就能轻松地跑在最前面。一定会有人嫉妒地说："他之所以成功，还不是仗着自己长得帅（或者有背景）！"事实上，比他的颜值更能打动我们的是他的言值。

每个人的颜值，从出生的那一刻起就被注定了，也许我们终此一生都很难再改变，但我们能通过后天对言值的修炼，为自己增添一道美丽的光环。

我们总是把伤人的语言留给自己最亲近的人，我们总是打着自己"说话直"的幌子肆意评判别人。这样，即便是颜值满分，最后也会因为言值不及格而损坏自己的形象。

蔡康永说："把话说好，收获最大的是我们自己。你越会说话，别人就越快乐，别人越快乐，就会越喜欢你。"

好好说话是心里装着别人的表现，能让你的言值配得上自己的颜值。

　　人这一辈子，遇到好看的皮囊、遇到有趣的灵魂都不稀罕，稀罕的是遇到一个能够跟自己好好说话的人。与懂得好好说话的人一起，平淡的生活也会变得有滋有味；而跟一个总是咄咄逼人的人在一起，面对繁华盛景也是一种折磨。

　　余生，愿我们都能学会好好说话，也愿我们都能遇到一个懂得好好说话的人。

罗诗雨
2019 年 1 月 1 日

目　录
Contents

第一章
你的"言值",决定你的位置

1. 你的"言值",决定你的位置　/ 002

2. 你长得好看,说话也温柔　/ 009

3. 一句话,从冷场变成热场　/ 016

4. 说话好听的人,一定要深交　/ 025

第二章
抱怨,是弱者和懒惰者才干的事

1. 说话低调,做事高调　/ 035

2. 有话直说,别问"在吗"　/ 043

3. 你说话那么干脆,效率怎么不高　/ 051

4. 抱怨,是弱者和懒惰者才干的事　/ 059

5. 你说话的方式,体现了什么才是真爱　/ 067

第三章
你那么优秀，说话也好听

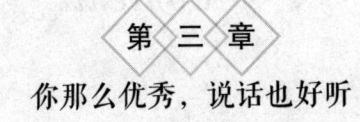

1. 余生，与好好说话的人在一起 / 076
2. 侃侃而谈，不是说话有趣 / 086
3. 善于自嘲的人，都有底气 / 093
4. 你那么优秀，说话也好听 / 101

第四章
把话说到别人心坎里，才是最好的沟通

1. 传达感情，要会说话 / 110
2. 把话说到别人心坎里，才是最好的沟通 / 118
3. 会倾听，情感才能升温 / 126
4. 好好说话，是最动听的感情用语 / 135
5. 来点"曲意理解"，为对话增添些笑料 / 144

第五章
最高级的情商，是懂得他人说不出口的话

1. 最高级的情商，是懂得他人说不出口的话 / 153

2. 好话题，胜过好技巧 / 161

3. 有些话不必出口，已胜过千言万语 / 169

4. 怎么聊，才能跟谁都聊得来 / 177

第六章
会说话的人，运气都不会太差

1. 你说话的底气，来自实力 / 187

2. 互动的话，才容易攻心 / 195

3. 会说话，你就赢了 / 202

4. 一开口就让人喜欢你 / 210

5. 会说话的人，运气都不会太差 / 220

第一章

你的"言值",决定你的位置

古人在评价一个人时经常说:"言念君子,温其如玉。"

生命中,我们经常会遇到这样的人:他们不仅人长得好看,连说话都是那么温文尔雅,就像春风化雨润物细无声,又仿佛阵阵花香透着醉人的芬芳。于是,我们不得不承认,所谓的"言值"早就决定了自己的位置。

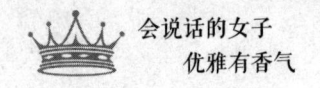

1. 你的"言值",决定你的位置

美国得克萨斯州的一家沟通顾问分析公司通过研究发现:一个人说话声音的重要性是说话内容的两倍。

在一次采访中,小S这样评价蔡康永:"跟康永哥聊天绝对不会被刺伤,还会被他附带的一两句小夸奖逗得心花怒放,但又感觉那么真诚、不滑头,让人不爱都难。"

蔡康永说:"我不在乎说话之术而在意说话之道,我的说话之道就是把你放在心上。"

可见,蔡康永之所以被人们喜欢,其实不单单是因为他情商高会说话,还在于他说话的声音好听。

蔡康永说话的声音是那么温和,当听到他的声音后,你会觉得任何尖锐的话只要经过他的嘴说出来都像春风

第 一 章
你的"言值",决定你的位置

吹过心头,让人容易接受,也让人受益匪浅。他脸上和煦的笑容也会让人感到尊重和关怀,就像多年的老朋友一样贴心。

古人在评价一个人时经常说:"言念君子,温其如玉。"这不是说一个人长得像玉石一样温润,而是说他的声音、声色如玉石一般温润,他说的话能给周围的人带来温暖舒服的感觉。所以,你说话的声音以及说话时的声色,就是所谓的"言值"。

从某种程度上来说,相比于你的情商和工作能力,你的言值更能影响别人对你的评价。因此,一种好听的、让人听起来舒服的声音会成为你综合能力的重要构成部分。

欣桐最初进到某电子产品公司实习时,很长一段时间内都是便利贴一样的员工——哪里需要去哪里。虽然她的工作能力以及努力程度都得到了同事的肯定,但就是因为她像大多数员工一样普通而总是容易被人忽略。

在总经理的印象里,欣桐是个踏实肯干的实习生,但总缺少特别闪光之处。所以,在实习期接近尾声时,她被划进了"离开"的那一行列。

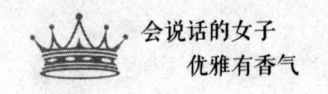

一次偶然的机会，总经理听见欣桐跟同事交接工作，她的音色圆润饱满，语调富有情感，这让总经理觉得听她说话很舒服，莫名地对她产生了好感。于是，在实习期的最后一天，欣桐被确定转为正式员工。

此后，公司大小会议的主持工作几乎都落在了欣桐的肩上，而她也没有让领导失望过。通过她富有感染力的声音，工作汇报中那些繁杂的数据听起来也不再枯燥乏味，反而变得更加深入人心。

年后，公司一直梦寐以求想与之合作的香港某渠道（东南亚地区）分销商开始了新一年的合作招标。公司经过研究决定，组成由总经理亲自带队的赴港竞标小组。而让公司员工大跌眼镜的是，欣桐也在竞标小组的名单内，并且是总经理亲自点的名。

欣桐自己也非常惊讶，作为一个刚刚转正不久的员工，她居然有机会参与那么重要的商务活动。更让她惊讶的是，总经理还把竞标方案交到她的手中，让她做PPT的主讲人。

欣桐所在公司的竞标小组被随机排到倒数第二位发言，这个消息让小组成员在紧张之余又隐隐有些担忧。这

第 一 章
你的"言值",决定你的位置

意味着,香港渠道分销商有可能被先入为主的观念占据,而本公司本就不占优势的PPT则会直接被淘汰。

漫长的等待过后,终于轮到欣桐上台做PPT主讲。

坐在欣桐面前的是香港分销商招标小组的考察人员,他们的脸上已经隐隐浮现出些许倦容。

"尊敬的各位考察团成员,大家好!在开始我们公司的竞标解说前,我先给大家讲讲《龟兔赛跑》的故事吧!"欣桐的声音听起来很自信,脸上洋溢着恰到好处的笑容。

考察团成员都相视一笑,因为这个故事几乎被人讲烂了,也就没抱什么期望。但出乎所有人意料的是,欣桐轻快的声音像清风一般飘进他们的耳朵里,随着故事被娓娓道来,他们脸上的倦容也逐渐褪去了几分。

欣桐讲完故事后,收起轻快的语调转而以一种极富感染力的声音接着说:"其实,我想通过这个故事告诉大家,我们公司就像那只乌龟——它虽然跑得不是最快的,但有向前冲的恒心以及韧劲。"

之后,欣桐又把PPT的内容解说了一遍,她温润而轻缓的声音让考察团成员频频点头称是,认真地跟着她的思路听完了。最后,欣桐所在的公司如愿地拿到了为期两年

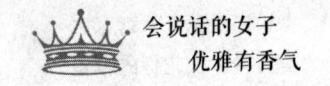

的东南亚地区独家销售权。

事后，欣桐也因此直接连升两级，负责公司对外招商谈判等一系列需要与人沟通的工作。如今，欣桐已经成为公司的中流砥柱，她曾戏谑说自己是沾了声音的光。

你看，好听的声音是个人综合能力的一部分，它会让你从人群中脱颖而出。

与人沟通时，一种温和的说话方式通常更能让人接受，这也是言值独特的魅力。

许洁是一名非常优秀的女子健身教练，因为业绩突出，最近她被调到新会所做管理工作，负责整个会所的教练安排和客户管理。

新会所的位置有些偏僻，周边当然也不是很繁华。如今生活节奏快，人都不愿意舍近求远，所以每天来这里消费的顾客不是很多。这让许洁的业绩很不理想，为了提高业绩，她想了很多办法，比如发传单、在社交平台打广告，只是收效都不大。最后，她不得不挖掘以前的潜在客户，同时也给一些交情不错的老客户打电话进行推销。

那段时间，她基本的工作就是与工作人员一起坐在接

第 一 章
你的"言值",决定你的位置

待室,一遍又一遍地打电话跟每个客户介绍新会所的情况。同样是电话邀约,许洁的成功率就大一些,其中,很多被邀约来的客户都说是被她干净、温和的声音吸引过来的。

有一天,许洁约了一位准备给员工办健身卡的客户,她非常热情地接待了对方。在交谈的过程中,她介绍着会所的环境、配套设施以及教练情况,客户对此很满意。但当谈到价格时,两人却有了分歧——客户觉得这个会所比较远,在不能提供车接车送服务的前提下,要在价钱上给一些折扣。

许洁脸上露出真诚的笑容,轻声地说:"相信您在来之前已经对我们会所有了一定的了解,毕竟您也坚持健身多年了。您看,我们的基础设施和教练团队在行业内都是数一数二的,我相信,您之所以到我们会所来商谈,也是看中了我们的服务。当然,与其他会所相比,这里的地理位置的确不占优势,但是我们会用最真诚的服务来回报您和您的员工。"

客户听完后,想了想说:"我再考虑一下吧。"

客户走后,许洁有些失落,预计这个单子基本签不了。

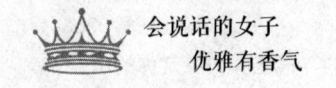

几天过去了，客户都没有给许洁回电话。当许洁几乎想要放弃的时候，客户却来到会所准备为员工办卡。

客户表示，当初在电话里与许洁沟通时，就觉得她比较真诚。在与她亲自交谈的过程中，她不急不缓、又能迅速让人产生认同感的声音更增强了客户对她的信任。而且，客户的担忧她也能一点点地剖析，然后做出回应。所以，即使这个会所的位置稍微偏僻了些，客户还是决定在这里为他公司的员工办卡。

你的言值，通常会从另一个角度展现自己的魅力。据心理学家研究表明，在人际交往中，关于如何取得对方好感的关键性因素中，姿势占首要位置，占比55%；其次就是声音，占比38%。

可见，凭借好听的声音能给别人带来好的感受，从而提升自己给人的第一印象。就像案例中的欣桐和许洁，她们都是凭借自己的声音给对方留下了深刻的印象，从而达到了自己想要的沟通效果。

这是因为，面对一个人时，我们一般会从单一的"视觉动物"渐渐向"听觉动物"靠拢。也就是说，我们会由最初去看对方是什么样的人渐渐变成不但要去看，还要去听，然后脑补他的"人设"。

随着互联网时代的发展，与他人沟通的时候，我们已经能做到"未见其人，先闻其声"。所以，你的声音很可能会成为别人决定是否与你继续交往的前提。

不要小看言值对你的重要性，它既是你的外在表现，同时也是你的内在力量。

2. 你长得好看，说话也温柔

有一段话让我印象非常深刻：

"我说对方很温柔，是我觉得对一个人最好的评价。"

"L先生可能是我见过最温柔的男生了吧。"

"因为被人很温柔地对待着，所以不自主地自己也变

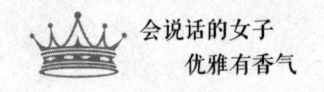

得很温柔。"

"他是个很会说话的人，不是那种每次说完都会觉得肉麻的话，就像温水一样围绕在我周围。"

就像梁思成之于林徽因，他从另一个角度诠释了什么叫温润如玉——既不炽烈也不冰冷，一切都是那么恰到好处、一切都是令人最舒服的状态，所以他们才成就了一段才子佳人的浪漫爱情。

人和人相处，除了对外貌的印象没法轻易改变之外，说话方式大概是我们能最直观感受到一个人品行如何的依据了。

不论双方最后会发展成友情还是爱情，或者仅是一面之缘，我们似乎总是更容易被说话温柔的人吸引。因为，这样的人通常易于让人亲近，让人想更多地了解他们——当好感度蹭蹭地上涨时，就会为你们进一步的沟通打下良好的基础。

我们总希望生命中能遇到这样的人：他不仅人长得好看，连说话都是那么温文尔雅，就像春风化雨润物细无声，又仿佛阵阵花香透着醉人的芬芳。他们会把话说到我们的心坎里，听着特别温暖、特别舒服，同时也会给我们坚定

第 一 章
你的"言值",决定你的位置

的力量,吸引我们慢慢向他们靠近。最后,我们自己也会变得温柔,成为别人眼中最好的样子。

陈瑶总爱跟朋友八卦自己的美女上司陆淼:"以前我真的没遇到过像陆淼这样人美、说话也温柔的人啦。"

陈瑶说,自己第一次见到陆淼是去公司面试的时候。那天,眼看快要迟到了,陈瑶只能拼命奔跑,结果跟迎面走来正在看文件的陆淼撞了个满怀,把陆淼撞倒在地。

陈瑶万分抱歉地说:"我赶着去面试,实在对不起了!"她给陆淼鞠了躬,想要去扶陆淼起来。结果陆淼站起身来,只是淡淡地笑了笑,说:"没关系,你去面试吧,可别迟到了。"

最后,陈瑶顺利地通过了面试。在签了一系列入职手续后,人事经理又对陈瑶说道:"请你稍等一会儿,部门负责人要跟你聊一下具体的工作安排。"

陈瑶忐忑地坐在会议室里,等待着工作安排。十几秒后,进来一位工作人员,陈瑶一看,竟是刚刚在楼下被她撞倒的陆淼。

陈瑶顿时一惊,暗想:这下坏了,第一印象就大打折

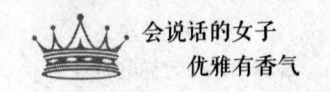

扣了。但陆淼并没有因为之前的事情故意刁难她，反而宽慰她说："我是陆淼，刚刚的事情你别放在心上，轻松一点。"然后，陆淼问了陈瑶一些问题，并且始终面带微笑。她那软软的声音特别好听，陈瑶也因此放松了心情，谈话时更加应对自如，可以说是超常发挥了一回。

就这样，陆淼成了陈瑶的上司。陈瑶觉得在这样一位美丽又温柔的上司手下干活真是一种幸运，因为，即使手下的员工犯了错，陆淼也不会责骂对方，甚至连重话都不会轻易说，这一切让同事备感温暖。

记得有一次，在一场非常重要的会议上，陆淼正在台上展示并讲解着市场规划的PPT，陈瑶突然发现自己做的数据里有一个致命的错误，这时候再修改已经来不及了。

最后，虽然陆淼凭借完美的表达能力以及强大的心理素质，将那个错误的数据口头改正过来并且说得有理有据、令人信服，但事后她还是被领导叫进办公室狠狠地训斥了一顿。当时，隔着落地玻璃窗，陈瑶看见领导那副怒火中烧的样子，心中愧疚不已。

陆淼明知道是陈瑶一时疏忽导致了错误，她却毫不犹豫地把责任全部揽到了自己身上，默默地承受了这一切。

第一章

你的"言值",决定你的位置

临下班前,她只是微笑着跟陈瑶说:"没事的,我也有责任,下次仔细点就好了。"

陆淼一直用温和的沟通方式给同事信心和勇气,公司上下都被她感染了,很多跟她接触过的人都称赞她说:"你不仅人长得好看,说话也温柔。"

这大概便是对一个人最好的夸奖了吧。

小雨和男朋友一龙分手了,因为对方的说话方式深深地伤害了她。

当初,之所以选择跟一龙在一起,很大程度上也是小雨自己主动的。因为,一龙给她的第一感觉是帅气、温柔,特别有绅士风度。

经过小雨的一番软磨硬泡,一龙最后终于答应跟她在一起了。只是小雨没想到,后来事情的发展变得与她理想中的完全不一样。

周末,他们牵着手游公园、划船、逛商场、共进晚餐,但回家以后画风却变了样。

"今天我们走了好多路呀,朋友圈中可以进前十了呢。"小雨心情不错地说。

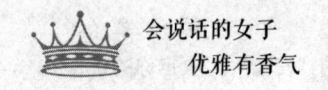

"你真觉得我喜欢逛吗?告诉你,我很懒的,下次别让我走这么多路!"一龙不高兴地说。

"对不起,我真的不知道。那下次我们少走点路,尽量照顾你的感受,你别生气了好吗?"

"我没别的意思,我这个人就是有点慢热,想找到两个人相处的好方式,目前看来还没找到。"

"不然,下周我们一起去郊区的河谷玩漂流吧?我看那里的风景不错呢!"小雨不死心,还是很热情地说。

"下周没空。其实,你不用每周都来找我,咱俩见面这么勤未必是好事。"

"是我做错什么了吗?你可以告诉我呀,我感觉你在刻意疏远我。"

"我刻意疏远你了吗?你别想太多了。"

"那你觉得咱们应该怎么相处比较好,我可以配合你呀。"

"慢慢磨合吧,不用太刻意,顺其自然。"

"刚才我看到你发的照片挺有意思的啊。"

"你看得懂我发的照片是什么意思吗?不懂,别乱评论,洗洗睡吧!"

第一章
你的"言值",决定你的位置

……

这样的无效沟通次数多了,小雨甚至不知道什么话能跟一龙说,生怕说错一句话惹他生气又引来一阵冷嘲热讽。但是,如果不主动找他说话,他又会酸溜溜地来一句:"我不来找你,你就不准备找我了吗?是不是最近背着我跟哪个帅哥好上了?"

小雨真的欲哭无泪,好像在一龙面前自己做什么事都是错的。就这样,她无奈地选择结束了这段短暂的恋情。

本来这还算是一段美好的爱情,因为一开始两个人都感到挺幸福的,最后却被一方生硬、带刺的说话方式毁掉了,而且给双方都带来了伤害。

说话温柔不仅是个人素质和涵养的重要体现,也是快速拉近两个人心灵距离的有效方法,还是解决问题的重要手段。

一个人长得再好看,如果说话毒舌,也会让人觉得面目可憎。相反,即使一个人相貌平平,如果说话温柔,也能够给自己加分。两颗陌生的心可能会因为一句温柔的话而迅速亲近,两个亲近的人也可能会因为一句伤人的话而

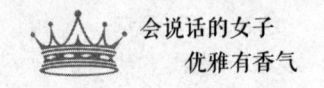

相互远离。所以，我们一定要学会温柔地说话。

其实，说话温柔并不需要花多少成本，也并不是难以做到，需要的只是多一点爱、多一点耐心、多一点微笑。

时刻注意自己的言语，不要让你在乎的人或在乎你的人，因为你无心但生硬带刺的话语而伤心，甚至心碎。

愿每个人都能做一个温柔的人，被这个世界温柔相待。

3. 一句话，从冷场变成热场

说话，是我们每天都要做的事。我们有可能穷极一生都无法修炼到一张口便让人夸赞的程度，但在现实生活中起码不要做"冷场王"，一出场便自带"冰冻"装置，让讨厌你的人越来越多。

罗振宇在节目《奇葩说》上说道："职场，或者说当代社会,最重要的能力就是表达能力。"

会表达的人,才是这个时代最大的红利收获者。那些表达能力强的人会比别人得到更多的机会和人脉,他们一开口就赢了。会说话的人,除了在适当的时候懂得赞美别人之外,遇到尴尬的局面也懂得用幽默去化解,一开口便能从冷场变热场。

有一次,黄渤去参加某颁奖典礼,现场嘉宾问他:"马云说过一句名言,我以为是说给他自己的,现在我发现那句名言同样适合你,你知道那句名言是什么吗?"

黄渤说:"我还真不知道。"

"马云说,男人的长相和他的才华通常成反比的,我不知道你怎么看这句话。"这位嘉宾的话,一方面调侃了黄渤的长相,另一方面又称赞了他的才华。

结果,黄渤先是说了一句"谢谢",以此来回应对方的赞美,接着又幽默地化解了尴尬局面:"我相信这话也一直激励着您。"

这样说,一方面"反击"了那位嘉宾,另一方面也给了双方台阶下。不得不说,这句话说得实在太妙了,让本来有些冷场的气氛瞬间变得热闹起来。

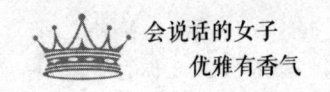

会说话真的是一种能力，不论你做什么工作，用什么方式生活，都少不了与人打交道包括推销自己，所以，语言是最直接、最有效的方法。

其实，大多数的尬聊都是在无意识的情况下造成的，就像扔垃圾一样把话题强行扔给对方，以解自己一时之尴尬，结果导致双方一起尴尬。

莉莉是一个天生的"冷场王"，我们多次见到她自带"冷冻装置"出场，而且无论在多热闹的场合，只要她一开口就能让场面"冷"到不可收拾。

某一次，公司组织工作聚餐时，周围的同事正在夸女上司当天的打扮时尚、优雅、有品位，莉莉却突然冒出一句："的确很好看，只是你的胯部比较宽，不适合穿鱼尾裙。"

此话一出，女上司的脸当场就青了，神色之间仿佛在说："你才胯部宽呢，我穿鱼尾裙碍着你什么事了？"

大家只好假装作啥也没听见，岔开了话题。

也许对于一些姑娘而言，胯部宽可能是性感的代名词，但是对于长期坚持减肥的女上司而言，这就是致命的

第 一 章
你的"言值",决定你的位置

打击了。

没多久,同事小月在上班途中遇到飞车抢劫,被两个男人抢走了手机和包包,幸好她及时撒手并大声呼救才没有遭受更大的伤害。但即便脱了险,她也是吓得花容失色,到公司后哭得伤心不已。

因为小月报了案,民警来了解情况,大家就纷纷投诉来公司的这条路太不安全了——既没有摄像头,也没有民警巡逻。此时,莉莉却插了一句:"小月,我早就说让你在上班路上不要低头玩手机,你低头玩手机就不会注意周围的情况,飞车党不抢你抢谁?"

小月的情绪好不容易刚稳定下来,听了这话,立刻气得又哭了起来。

午休的时候,办公室里几位年轻的姑娘喜欢聊一下八卦,比如刚去看了哪部电影,特效特别渣;某位男星长得好帅,自己已经被实力圈粉,彻底沦陷;某位女星跟某个偶像小生在谈恋爱……

大家正聊得兴高采烈之时,莉莉却冷冷地抛出一句:"那些人跟咱们都不是一个世界的,有什么可喜欢的呢?而且,你觉得影片特效不好,那你去做呀!"

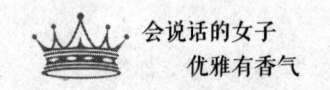

大家顿时被泼了一身冷水，失去了继续聊天的兴致。但也有同事会立即不高兴地回应道："我不会做电影特效，但就是想评论一下，这跟你有什么关系呢？"

这样的例子出现得越来越多，渐渐地，同事们都开始不待见莉莉了，上司也不喜欢她。

莉莉虽然不喜欢听别人聊天，但有时候又特别爱表现自己。比如，她经常夸赞男朋友对自己有多好，上次过情人节时送的礼物有多贵重。

最初，她说话的时候还有人迎合，时间久了，大家都会装作听而不闻——只要她一说话，瞬间就冷场。

坦白来说，莉莉并不是什么坏人，工作表现也不差，只不过她是一个不懂得在什么场合该怎样表达的人。最后造成的结果，就是她在的时候大家都会有意无意地避开她，不敢接她的话茬。可以说，她虽有工作能力，但因为不会说话，多年来一直未获晋升。

起初，我只觉得是性格直率造成了她的人际关系差，但后来我发现她不是直率，而是真的不懂好好说话。

生活中，不仅有"冷场王"，当然也有"暖场皇后"——

第一章
你的"言值",决定你的位置

在任何场合,她们都能跟别人完成愉快的沟通。例如小爱,她就是一个人见人爱的姑娘。

小爱长得并不算是标准的美女,但给人的第一印象绝对是干净、温暖的。最主要的是,无论场面有多尴尬,只要她一开口就能从冷场变成热场。

她看书多,不过分谦虚,偶尔会有失落。

她不到处使用"美女""帅哥"这样的称呼,却会很用心地称呼朋友的昵称。

她也喜欢跟朋友一起聊人生、聊八卦。

她说的每一句话都让人感到真实、可信、不虚伪,因为她懂得把别人放在心上,通过说话道出对方最想了解的事情。

夸人时,她总能找到对方最准确的点来夸。

有一次参加交流会,小爱对一名女士的夸奖并不是一味地说年轻、漂亮,而是浅浅地道一句:"你的微笑好迷人,耳饰、衣服搭配得真好。"又说:"你的发型很衬你的气质。"

身边的朋友都发现小爱极富语言能力,表达自然而幽默,显得见多识广。这样的女人当然是魅力四射、不容忽

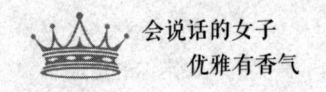

视的角色，一场交流会下来，去参加的同行都有了她的名片，并且记住了她。理所当然地，她所在公司经营的原材料后来成了合作公司采购的主原料。

对于这样的女性，不光爱人满心欢喜，连那些刚认识的朋友也都会点赞。

下面是一个不会说话的例子。

有一次，跟同事在一起聊天说起身边朋友不会说话的故事，周慧忍不住笑了，说："我们小区住了一个年轻的小伙子，他人还不错，就是有一样不好——不会说话，一开口就冷场。"

有一天早晨，这个小伙子在小区院里遇见同一个单元楼的李大爷，见面后他倒是挺客气地问："李大爷，您去哪里？"

李大爷说："出去遛个弯，顺便逛早市。"

小伙子回了一句："昨天晚上下了一场雨，路滑，您可留心点。"这本来是一句关心的话，结果他最后又追加了一句："毕竟上岁数了，摔一跤可能就得急救了。"

就这样，一句话让原本轻松的聊天氛围变得尴尬起来，李大爷气得脸都黑了。

有人说，真正的教养是指灵魂的高洁与人格的健全。但我认为，教养最直接的表现一定是由内而外的。比如，知道怎样打破沉默、化解尴尬成为一个聊天达人。

这是一个注重沟通交流的时代，说话的重要性不言而喻，拥有谈话力就等于拥有了强大的生存力。

不会说话的你，是不是会有这样的烦恼：

在电梯里面碰上住在同一栋公寓的邻居，对方说："早！"你也立刻回一句："啊，早！"然后你就低头玩手机去了，因为接下来你们没的聊了。

上学或者上班时，在离学校或公司最近的地铁站、公交站，你恰巧遇到不算特别熟的同学或同事，两个人一起往学校或公司走去，这时到底该说什么好呢？说："吃了吗？""今天的天气真好呀！"——多尴尬！双方之间的沉默越漫长，你就越觉得尴尬。

新学期的教室里、新公司的办公室里、朋友结婚的宴会上……虽然这是难得结交人缘的机会，但放眼望去都是半生不熟的人，你要怎么开口呢？

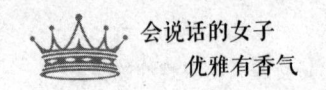

其实，在这样的场合，只要你会说话便能轻松逆袭，把冷场变为热场。

会说话从来不是无目的的闲聊，而是有技巧可使用的。我们要巧妙地提供丰富的话题，机智地进行谈话，最后在恰当的时间利用幽默让大家发笑，营造轻松友好的沟通气氛。

有的人讲话说不上流畅，甚至磕磕巴巴，但跟他闲聊会觉得很有意思；有的人不善言辞，但跟他闲聊会觉得气氛很愉快；还有的人几乎不怎么说话，谈话时基本只是附和别人而已，但就是能让闲聊的气氛变得很热烈。

希望在今后的日子里，你能不放弃对生活的热爱，做一个会说话的人。

4. 说话好听的人，一定要深交

奥黛丽·赫本说："美丽的女人要有一双美丽的眼睛，用于发现别人的优点；还要有一双漂亮的双唇，用来说好听的话。"

电影《窈窕淑女》里，由赫本主演的伊莉莎令人印象深刻。一开始，因为家境贫寒，伊莉莎做了一名街头卖花女，她终日为生活奔波，根本没心思去考虑未来这件事，所以说话时言辞粗鲁、低俗。

后来，伊莉莎被一位路过的语言学家兼大学教授留意到。教授对她夸口说，只要经过他的培训，即便是像她这样不善言辞的卖花女也能变成贵夫人。

最后，教授肯定地说："改变一个人的说话方式，就

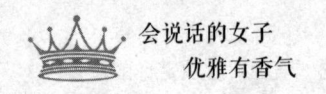

能改变她整个人的气质，甚至一生的命运。"

每个人都希望有让自己变得更好的本能，兜兜转转中，伊莉莎还是找到了这位教授，希望他能够教她说话，纠正自己粗俗的口音。

学习说话的整个过程麻烦且枯燥，从基本的口音到说话的逻辑、表达的口气再到与人相处的礼仪，这一切都是伊莉莎迫切要学的。

当然，最后的学习效果也令人十分满意——经过"特训"的伊莉莎盛装出席赛马现场，她俏皮可人、谈吐优雅，无不让人惊艳，在场的年轻才俊都深深为她着迷。

原来，说话真的有一种无形的魅力。即便本质上伊莉莎还是那个家境贫寒的卖花女，但她已经不需要通过大声吆喝来招揽客户了。此时，她已经超越了卖花女的身份，变成了一位优雅女士——她会衣着得体、口齿清晰地与人交谈。

一个人的修养和性格，通常就藏在言谈举止这种细节里。反过来说，对于谈话的把握时常会准确地暴露出一个人的性格和修养。如果你身边有说话好听的人，请放心地与他们深交。

第一章
你的"言值",决定你的位置

乐乐的前任男友阿辉长得高大帅气,平日里待她很好,对她的朋友也很客气。但有一点不好,他总容易跟陌生人起冲突,吵起来更是满口脏话;而且他还总自诩能一针见血地看问题,于是说话常打着"心直口快"的幌子,全然不顾及别人的感受。

就这样,阿辉说话经常毫无遮拦,总惹人在背后指指点点而不自知。

有一次,阿辉带乐乐回家度周末,正巧阿辉表姐也在,她在试穿刚买的一件新衣服。大家都夸衣服好看,结果阿辉来了一句:"这款式只适合年轻的小姑娘,你穿特显皮肤黑。"表姐听了,脸上的笑容顿时僵住了。

阿辉的三叔刚给儿子买了新房,大伙正道喜呢,结果阿辉翻了个白眼,说:"这房子的地段可不好,一没升值空间,二不是学区房,你这钱算是打水漂喽。"结果,原本高兴的气氛硬是被他搅得有些尴尬。

乐乐的三表姐大龄未婚,更是被阿辉调侃了个遍,整天吐槽人家:"年纪越大越难嫁,怕是要剩家里了。"

如果别人因这些事生气了,阿辉反倒会嘲讽对方小心

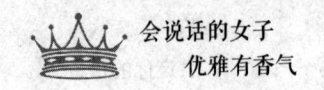

眼，一点玩笑都开不起。久而久之，大家都疏远了他。

乐乐原本想着颜值大于一切，对于阿辉的行为，自己忍忍也就好了，但没想到两家家长在商议婚期见面吃饭的那天，他还是出了岔子。

服务员上菜时不小心把菜汤溅到了阿辉身上，许是习惯使然，他瞬间火冒三丈，破口大骂道："你没长眼吗？我这衣服几千块呢，你赔得起吗？你毛手毛脚的活该一辈子当服务员。"

乐乐连忙上前劝阻，但阿辉还是不依不饶，非要服务员赔干洗费。结果，他硬是闹得饭店经理当面来赔礼道歉，再送了两道菜才罢休。后来，两家人都如坐针毡，沟通氛围很不好；乐乐爸爸更是铁青着脸，筷子都没动几下。

一回到家，乐乐爸爸就开始分析阿辉的行为有多么差，然后建议乐乐最好跟阿辉分手，但她死活不同意。只不过，她还是没拗过家人这一关，没多久就与阿辉分手了。再后来，乐乐听说阿辉结婚了，两个人一开始倒也甜蜜，但阿辉的本性慢慢地显露，稍有不如意就跟老婆大发脾气，甚至动手把老婆打得鼻青脸肿。

乐乐暗自庆幸，还好当初听了父母的劝及时抽身，如今才收获了人人称羡的幸福。她现在的男朋友虽然长相一般，但说话温文尔雅从不爆粗口，邻里街坊看到他也都交口称赞。

不得不承认，一个没修养、脏话满天飞的男人，哪一个女人敢放心地把一生交付给他呢？你千万别奢望人家会待你不同，更别傻傻地以为这是"真性情"——试想有一天，当这把"真性情"的枪口对准你时，你就知道伤人的子弹该有多厉害了！

所以，宁可孤独，也千万别交恶友。

真正值得深交的朋友，应当是温柔且温暖的。倘若你遇到把嘴欠当幽默、把口无遮拦当直爽的人，还是趁早远离吧。

萌萌人长得很美，也爱打扮，可是一开口说话就会让人感到不舒服。

有一次，萌萌和同事一起去参加部门经理给小儿子办的满月酒。席间，主人前来给大家敬酒，忍不住说起孩子的趣事与烦事，引来大家一片附和。

这时，萌萌慢悠悠地说："要什么孩子呀？你辛苦半

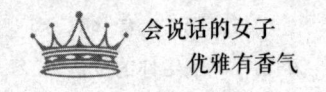

辈子把他养大，供他吃、供他穿、供他上大学，等他成家立业了还未必会孝顺你。"

萌萌一开口，大家顿时都沉默了，不知道该怎么接她的话茬。部门经理立刻沉下脸扭向一边，看也不看她一眼，现场气氛尴尬到了极点。

有一名同事出于好心，拍了拍萌萌，可她无所谓地耸耸肩，说："你拍我干什么？我说错了吗？我有什么说什么，不像有些人心里想的是一套，嘴上说的是另一套，虚伪！"

那一刻，大家都觉得萌萌那张脸虽然收拾得还算干净，却实在令人喜欢不起来。

还有一次，萌萌去参加一场同学聚会，最后也是闹得不愉快。

毕业十多年，除了几个老朋友常来往之外，大部分同学已是多年未见。曾经是少男少女，如今都结婚生子，大家的话题自然也是围绕着工作、家庭、孩子展开。

而在这之前，萌萌就听说当年班上一个挺漂亮的同学，自从经历了一场不幸的婚姻后已经独身多年，这些年都是自己一个人带着孩子过。

第一章
你的"言值",决定你的位置

大家都对这事有忌讳,跟对方聊天时基本不涉及家庭问题,场面也算是其乐融融。结果,萌萌偏偏没眼色,端着酒杯走到对方面前,以一副知心姐姐的模样开口说道:"亲爱的,听说你离婚了?世上男人多的是,那个男人没眼光,我再给你找个更好的。"她一边说着话,一边拍着胸脯,一副"这事包在我身上"的样子。

顿时,场面有些尴尬:对方应和也不是,装作没听见也不是。幸好老班长及时过来打了个岔,把"知心姐姐"给拉走了。

萌萌是被拉走了,可她的话音还在,这导致对方当下脸色就不太好看,原本热闹的氛围硬生生地被破坏了。后来,萌萌随便吃了几口就匆忙离场了,免得大家更尴尬。

日本作家渡边淳一说:"世界上不仅仅存在敏锐聪慧这种才能,相比之下,不为繁琐动摇的钝感力,才是人们生活中最为重要的基本才能。"好好说话的重要性不言而喻,说话之前要先过脑子,仔细思考一下自己要说的话,正所谓"三思而后言"。所以,别让你的话抢先于你的思考,在每一次脱口而出之前先"三思"。

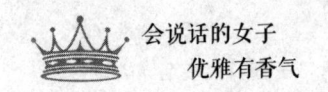

总有人把无理当个性、把刻薄当直率、把谩骂当指正……他们不知道言语能造成的伤害会有多大。

他们总喜欢把看似对你充满关心的话挂在嘴边:"你多大岁数了,怎么还没结婚呢?""你怎么胖成这样了?现在有150斤了吧?""你还在看韩剧啊!就是这些电视剧腐蚀了我们这一代年轻人。"……

若听者脸色不对,他们就补一句:"我说话直,你担待着点。"

事实上,只有不懂人情世故的人,才喜欢在公众场合揭别人的短。

有些人,对陌生人很客气,却对父母妻儿恶言相向——他们永远把坏脾气留给了最亲近的人。

有些人,言语之间喜欢把他人的隐私挂在嘴上,他们还会这样辩解:"我说的都是事实,又没胡说。"但恰恰是这些事实,一旦说出口便会让场面变得难堪。

回头仔细品味一下每天说的话,我们就会发现,每一句话其实都隐藏了很多我们自己都不清楚的态度。

这些态度伴随着每一句说出口的话,会变成别人对我们的评价,从而定位我们在他们人生中所占的比重——这个人可不可深交,他有没有把别人放在心上,结果都是一览无余的。

说出来的话就像一面镜子,你从镜子中能看到自己,别人也会从镜子中认识你。人生一世,谁走进你的生命是由缘分决定的,但谁能停留在你的生命中,是由你决定的。

山高水长,路途漫漫。君子坦荡,知己相逢。愿你懂得好好说话,也愿你跟懂得好好说话的人相交,愿你们都能被这个世界温柔以待。

第二章

抱怨，是弱者和懒惰者才干的事

别用抱怨来掩饰自己的无能和懒惰。每一个成功的人，一定都沉默着走了很远的路——与其高调说话，不如踏实做事。

第二章
抱怨，是弱者和懒惰者才干的事

1. 说话低调，做事高调

有些人想尽可能多地获得别人的认可，借此来掩饰自己的无能和懒惰。于是，无论有什么事，他们总是喜欢高调地说，至于去不去做他们认为都没关系，但结果往往是得不到别人的认可。

其实，换个角度来看，先做后说反而能增加别人对你的好感度，让你轻松得到认可。

名著《红楼梦》里，王熙凤年纪轻轻就能代替王夫人执掌家政大权，不是因为她是王夫人的侄女，而是因为她快人一步，思考得多、做事多。

林黛玉初入贾府，王夫人让王熙凤找缎子为林黛玉做衣服，王熙凤回王夫人说，没有找到她口中所说的缎子。

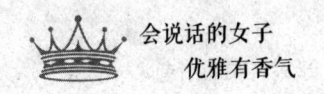

王夫人有些埋怨地说:"有没有,什么要紧。"接着又说道:"该随手拿出两个来给你这妹妹去裁衣裳的,等晚上想着叫人再去拿吧,可别忘了。"

王熙凤笑着答道:"这倒是我先料着了,知道妹妹不过这两日到的,我已预备下了,等太太回去过了目好送来。"

王夫人一笑,点头不语。

这就是王熙凤的高明之处,先多做一步打算,然后再说,所以她讨得了王夫人的欢心。

无能和懒惰的人,才会高调地去宣扬他要做的事;真正踏实、勤恳的人,只会去做事,不会把说当成重点。要知道,你想要的体面生活,必定是勤勤恳恳去做才能得到的,而不是大声高喊"我要如何"就能得到的。

知乎上曾有这样一个热门话题:"你觉得做事前应该高调地说出来吗?"张雪从公司里一名新员工蓝洛身上找到了这个话题的答案。

那一次,张雪和蓝洛被公司安排出差去南方城市见客户。这位客户手里握着对公司非常重要的资源链,临行前,领导千叮万嘱让她们一定要签下这单。

第 二 章
抱怨，是弱者和懒惰者才干的事

为此，张雪和蓝洛做了很多准备工作，可是到了预定的展示会场才知道，会场的线路出了问题，会场台上摆的投影仪成了摆设。投影仪不能用，意味着事先准备的 PPT 无法演示，那么，直观的数据分析也就没法完成。

客户觉得这是对方的责任，没有事先沟通好场地事宜，于是，客户觉得再待下去也没有任何意义，反而耽误双方的时间，便提出要提前离开。

熬了几个通宵做成的 PPT 无法展示，张雪顿时有些着急，也怕过后客户被潜在对手挖走。在客户准备离开之前，蓝洛拉着张雪来到客户面前，含笑对着客户一口一句"您别生气，多担待一下"，并说服客户给自己十分钟的时间试一试，即使自己不能让他们满意，耽误十分钟也不会对他们有任何影响，就当给她这个新人一个机会。

当时，张雪有些难以置信——十分钟试一试的机会，她自己都没把握。在没有 PPT 讲解的情况下，要把这些数据讲明白，对于蓝洛这样一个新人来说明显是做无用功。

同时，张雪也有些担忧：如果这次展示不成，下次还有理由继续约客户出来；如果这次失败了，那么公司就彻底失去了最后的竞争机会。所以，张雪明里暗里地向蓝洛

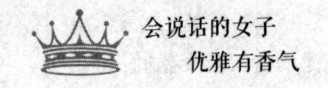

使眼色，可蓝洛依旧不为所动。

蓝洛就在会场的白板上，用记号笔直接将重要的数据和大致框架画了出来。张雪打开笔记本电脑，将这些数据拿来跟PPT上的一对比，发现竟然分毫不差，这是她这个公司老员工都不可能做到的。

客户也从最初的无所谓态度变得郑重起来，跟着蓝洛讲解的思路走，直至被她彻底说服。最后，张雪成功地为公司拿下了第二年的资源链。

过后，张雪说她感到挺震惊的，为新员工蓝洛所折服。

这次签约成功最主要的原因不是因为蓝洛记忆力超群，也不是因为她对这个客户很上心，而是她以一种低姿态的说话方式展现了高调的工作能力，赢得了客户的尊重。而且，蓝洛明明有能力做得更好，但依旧谦虚地以新人的姿态去面对客户的种种疑问，并抓住机会完成了任务。

出差回来后，张雪便时不时地关注着蓝洛。她发现，无论接到什么样的工作，蓝洛都会谦虚地说上一句："我也不知道自己能不能做好，不过我愿意尝试一下。"到最后，蓝洛交出的答卷总是会让人刮目相看，甚至连细节问题她都处理得非常完美，让一些老员工都自叹弗如。

第 二 章
抱怨，是弱者和懒惰者才干的事

公司里，从员工到领导，提起蓝洛，大家都会默默地为她竖起大拇指。张雪也说，蓝洛的做事风格让她明白，无论做事前说不说，大家记住你的永远是你踏实做事的效率，而不是你说得有多慷慨激昂。

周末，我约了几个大学同学聚会，吃喝之间，好朋友杨林给大家讲了一个"高调同事"的故事。她说，他们市场部新来了个全能型人才张涛，刚进公司不久就获得了领导和同事的一致好评。

杨林接着说，张涛不但有着高学历，而且说话幽默，最主要的是，在他眼中，无论是什么样的工作都像小菜一碟——同事A的PPT制作得不顺畅，张涛背着手随意指点同事A怎么做才能让人更直接、更感官地接受；同事B的文案被领导驳回，张涛也能侃侃而谈，说出写文案的技巧，且都是实用的干货，最后总不忘再加上一句："这很简单的。"

张涛的才华得到了大家的认可，初入职场他便顺风顺水，几乎成了部门的明星员工。无论是同事写的文案，还是领导要看的PPT，总少不了他的创意。后来，领导越来

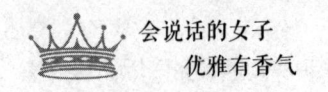

越倚重他,在各方面都对他照顾有加。

前不久,领导接到公司总部的紧急通知,要给分公司的新代理客户做一次系统培训,急需一份培训文案。领导问大家能否尽快地将文案做出来,时间不能超过三天。

领导刚说完,张涛便站起来毛遂自荐,说自己有这方面的经验。

领导虽然担心张涛是新员工,但是一想到公司里很多员工都说过因为他提供的写作技巧才把文案做好的,便放心地把文案交到了他手上。张涛也信心满满地说:"请领导放心,我肯定保质保量地把文案交到您手上。"

散会后,其他同事笑着问杨林:"照这个趋势,那他岂不是要刷新你三年跳两级的纪录?"

杨林笑笑,说:"那没办法,他有这个能力。我们部门很多同事都在议论,他要是把领导这次交代的任务完成了,就是他在职场中第一次飞跃的机会。"

但不久后,让所有人大跌眼镜的是,张涛被领导当众点名批评了。

这并不是因为张涛犯了多严重的错误,而是他做的培训文案出了差错。最初,到了日期文案没有交上来,领导

第 二 章
抱怨，是弱者和懒惰者才干的事

也体恤他在加班工作，没有说什么；可是这一份文案被他拖了两天还没上交，领导就有些不满意了。

两天过去了，当领导再次催张涛时，得到的答复是"正在修改"。最后，在领导给出的最后期限之前，张涛终于把文案交了上去。只不过，领导只看了一眼文案就摇摇头，然后叫杨林来办公室，要求她一天之内迅速做出新文案。

其他部门的同事不禁有些好奇地问杨林："以前你们市场部做的文案中，不都有张涛提供的写作技巧吗？"

杨林点点头，说："虽然张涛教了别人很多干货，可是他自己做的文案简直惨不忍睹。"

渐渐地，同事都发现张涛只是纸上谈兵非常厉害，实际的做事能力却不怎么样。而且，他还不虚心做事，总是喜欢嘴上应承别人，而应承过后便懒得动手去做。

现在，同事们也不再像原来那般喜欢张涛，反而总是刻意跟他保持着距离。由此可见，说话高调远没有做事高调能给人带来好印象。

说话低调，做事高调，这是一种生活方式。孔子曰："先行其言，而后从之。"坚持每一天都做到先把你想说

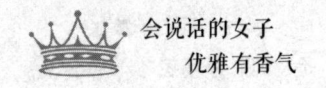

的做出来，然后再去说，就会变得更加谦逊，继而能获得更好的成长。

蓝洛凡事都喜欢把自己放在一个谦逊的位置，做事从来都是兢兢业业，不用自己去说，行动力就已经在别人的脑海中留下了好印象。

相反，张涛即使最初能够凭借一时的口舌优势受到大家的青睐，但当他的做与说不成正比后，反而落得一个不得人心的下场。

先做后说，这是人生中不可或缺的修炼。可是，很多人却喜欢把它们的顺序颠倒过来，认为只有先高调宣扬、做足声势，才能证明自己有多么优秀。

你看，在湖面上优雅前行的白鹅，虽然看起来不声不响，实际上是因为你没有看见它们在水下奋力划水的脚掌。而那些在池塘里拼命折腾的旱鸭子，看似动静很大，其实只是在原地兜圈子罢了。

类似这样的人虽然起步很好，但是随着时间的推移，随着自身能力和懒惰的暴露，做事效率就会因此而止步不前。他们之所以说话高调，无非是借此来掩饰自己的无能罢了。

第 二 章
抱怨，是弱者和懒惰者才干的事

从今天起，凡事在说之前先做出来吧，让别人看到你的成绩。坚持一段时间后，你会发现，你的改变会引起身边的人对你意想不到的赞赏。

2. 有话直说，别问"在吗"

身处信息化时代的我们，每天都要浏览大量的信息。通过仔细观察你会发现，来意越简单明了的信息，越能引起人们的关注，因为有话直说能提高人们的沟通效率。

电视剧《延禧攻略》里，皇后想利用魏璎珞去分顺嫔的宠爱，但她没有直说，而是绕了很大的弯子说了顺嫔如何貌美，皇上如何宠爱她，甚至刺激魏璎珞，说顺嫔比当年的魏璎珞还要受宠。

当时，魏璎珞有些不耐烦地问："娘娘是想和我合作，

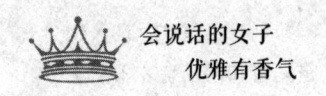

分顺嫔的宠？"

皇后微微一笑，道："你能吗？"最终，魏璎珞回答："当如娘娘所愿。"

这是一段比较烦琐的对话，中心意思不过是：我们要不要联手？

皇后的话，就相当于现在我们与人进行即时通讯交往时说的"在吗"二字。也就是说，有话不直接说，先去试探对方，然后让对方跟着你的思路走，最终说出自己想说的话。

但是，与其问"在吗"，不如简简单单地有话直说。因为，有温度的说话不是虚情假意的客套话，而是更直接、更真诚的交流。

如果最初皇后直接说："我们联手对付顺嫔吧。"魏璎珞能更快地领会对方的意图，也就不必大费周章地猜来猜去。所以说，与人沟通要适度简练，有话直说且说重点。

陈冬属于说话直奔重点、不绕弯的人，听她说话，你的感觉就是四个字：一语中的。无论是领导还是同事，陈冬从来是说什么话都能让对方最直接地感受到她的主旨是

第 二 章

抱怨，是弱者和懒惰者才干的事

什么。

朋友们也都很喜欢陈冬，因为跟她在一起感觉非常舒服，你不用浪费精力去想她到底是什么意思、要做什么，她会清楚地告诉你她在想什么、在做什么。

陈冬说："人与人之间能否相处融洽，无非是看你说的话能不能合别人的意。而如何让别人满意，无非是看你说的话能否让别人第一时间找到他想知道的点。所以，有话直说，别说那么多的引出语。"

其实，陈冬以前也不是这样一个有话直说的人。两年前，刚刚转正后的她曾经因为一句"在吗"而错失了一个重要客户。

那时，陈冬负责公司的产品研发，有一个客户需要一批急单，在外出差的经理便把数据发给她。她在反反复复研究几次后，发现这份数据有点不对劲——如果按照这个比例去生产，恐怕产品质量方面会有瑕疵。

陈冬想跟经理沟通一下，看看是不是自己多虑了。她知道经理在开会期间手机都会设置成静音，便给经理发了信息："在吗？"

等了很久也没有收到经理的回信，陈冬于是又发了一

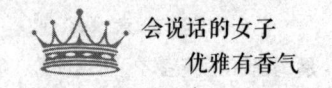

句"在吗",结果依旧没有收到经理的回复。同事安慰她:"这位客户平时做事非常严谨,应该不会犯这种错误,你只要负责生产就好了。"

由于预定工期很急,陈冬便按照这份数据把样品加工了出来。但是,客户拿到样品时直接就宣布终止合同。因为客户质疑陈冬公司的专业度——在已经知道数据可能存在问题的前提下依旧投入生产,这种态度客户不认可。

陈冬被出差回来的经理叫到办公室问责。她看着面含愠色的经理,小声地说:"这件事我咨询过您,但是当时您没有回,加上工期又紧,我也就没再细究。"

经理一脸莫名其妙地问:"你什么时候咨询过我?"

陈冬把手机中的信息找出来放在经理前面,里面有两句工工整整的"在吗"躺在那里。

经理有些哭笑不得,说:"你只是问我'在吗',你让我怎么回你?你把你想说的话直接说出来,我才能考虑回不回你。我每天收到的信息有那么多,你不直说,我怎么知道你是不是真的有事啊!"

陈冬后悔不已,如果直接就把想问的话写上去,也不至于让公司损失一个重要客户。从那次后,她便抛弃了那

第 二 章
抱怨，是弱者和懒惰者才干的事

句万能搭话"在吗"，有事会直接说。她发现，这样的沟通方式让她节省了很多不必要的时间，提高了办事效率。

所以，与人沟通时，说话方式尽量要简单一点、直接一点，这样会让对方迅速地明白你的意思，也能尽快做出回应。

还有一种人特别喜欢"短话长说"，用各种抱怨作为引出语，而真正的意思却是"千呼万唤始出来，犹抱琵琶半遮面"。

接到朋友邓嘉的电话时，张超已经在咖啡厅等了近20分钟，只是电话那头却没有听到她的声音，反而传来别人的说话声："小邓，你说姐这个人平时为人怎么样？什么时候迟到早退过？领导需要我时一声令下，哪次不是我冲在最前面？别人不爱干的脏活重活，从来都是我去干，我图个啥啊？不就是为了咱们公司能够蒸蒸日上、越来越好吗……"

张超想起邓嘉以前跟自己说过的李姐，就是她无疑了——一个非常喜欢"短话长说"的人。

邓嘉自己经营着一家小公司，李姐是当初跟着她一起

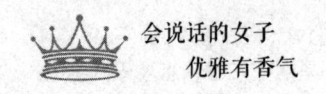

创业的老员工。她曾说过，李姐哪里都好，就是总喜欢抱怨，而且特别习惯把想说的话用很多抱怨之词引出来。邓嘉曾开玩笑说："听李姐说话，开头完全可以忽略，因为她想说的话一定是放在最后的。"

果不其然，电话挂掉后，邓嘉发信息告诉张超，她被李姐给留住了。

在百无聊赖地等了近一个小时后，张超才看到邓嘉匆匆赶来的身影。邓嘉一坐下，就不住地说着"对不起"。

"又被李姐堵住了？"张超有些无奈地问。

邓嘉抓起桌上的水杯喝了一大口，喘了一口气才说道："李姐抓着我说了整整一个小时，从最初跟着我创业一步一步说到了现在，最后，我终于听到她一直想说的话，想让我给她涨工资。"

邓嘉摇头不已，说李姐做什么事都是这样，一定要把她为公司吃过的苦、受过的累通通拿出来讲一遍，然后才会说到她想说的点上。

有一次，邓嘉想让李姐作为公司的代表，去外省某公司学习一下新的管理模式。李姐接到通知后，便坐在邓嘉的办公室里，从教育孩子的心累说到了照顾老人的辛酸，

第二章
抱怨，是弱者和懒惰者才干的事

就差说一句抹一把泪了，直到最后邓嘉才听明白她的意思——她不想出差。

邓嘉对此感到哭笑不得：不想去就直接说啊，为什么绕那么大的弯呢？

邓嘉说，有时她真的想不明白，明明李姐的话用"我想"或者"我不想"几个简简单单的字就能概括，为什么她一定要说那么多引出语呢？这样既耽误两个人的时间又会让对方反感，何苦做这样费力不讨好的事呢？

所以，这次邓嘉没有忍住，直接问李姐："为什么有话不能直说呢？"

张超好奇地问邓嘉："你说完后，李姐表态了吗？"

邓嘉一摊手，说："我跟她讲了很多，她说以后尽量会做到有话直说。"

后来，张超听见邓嘉夸赞李姐，说现在她比以前好很多了，说话不再绕弯——自己有什么想法会试着直接说出来。慢慢地，李姐受到公司上下的一致喜欢。

无论是与人沟通总是先问"在吗"的陈冬，还是用抱怨代替"在吗"的李姐，她们都有一个共同的特点：与人

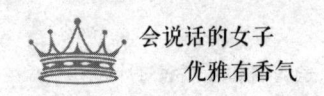

沟通时都带着一丝试探的套路。但是，这样做的效率没有直接沟通的方式好。

我在知乎上看过一个段子：

"在吗？"

"在。"

"我有个朋友最近有些情感问题，压力很大，你是学心理咨询的，能跟你聊聊吗？"

"你第一句说什么？"

"在吗？"

"不在。"

下面有个网友评论说，每当看到或听到别人问"在吗"，就感到无比头大。因为你不知道这句"在吗"后面跟的是什么，可能他说的事是你感到无能为力的——他只有先说了什么事，你才能决定在不在。

所以，与人沟通时，不要总是一味地说"在吗""有空吗""睡了吗"这些带有套路且意味不明的话。学会有话直说，简单明了地进行沟通，不但能节省彼此的时间，在一定程度上还能提高沟通的效果。

在这个提倡高效率的时代，请收起你委婉的问候，收起你带有目的的抱怨，有话直说，而且直指重点，让彼此的沟通更明朗。

穿梭在庞大的社交圈中，简单直接地进行沟通，才是这个时代最需要的"语品"。

3. 你说话那么干脆，效率怎么不高

我们的身边总有这样一种人，无论你有什么事情，他都会很干脆地告诉你："这事没问题，包在我身上了。"可当涉及做事效率时，你就会发现他开始找各种理由推诿。

知乎上面有个问题："哪个时刻让你觉得这个人很无语？"

有一位获得最高赞回答的网友讲了个故事。公司急需一份下周要用的投标方案，因为自己的确有些难以顾及，

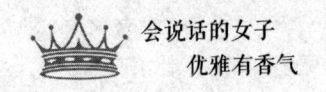

就把资料给了要好的同事,同事也干脆地说:"放心,保证让你满意。"

可是,三天后,这位网友跟同事要方案时,同事一脸的无辜:"这么快就要?我才刚开始写,这份方案很难。"他表示,那一刻他觉得同事的做事方法让人很无语。

有时,为了面子、为了融入别人的圈子,或者可能仅仅是为了引起别人的关注、得到别人的认可,我们总是不计后果地去应承别人,却忽略了我们本身并不能输出自己期望中的最大效率。因为,你干脆的应承话语与你的能力(或懒惰的身体)根本难成正比——你只是自以为没问题,却不立即付诸行动,所以你的话与效率不可能成正比。

有些人,听他们说话的时候你会觉得"这个人真的不错,说话让人喜欢"。但接触下来,你的评价就会变成:"我的天啊,他怎么是一个做事效率这么差的人。"

其实,日常生活以及职场中,你的信誉根基从来不是侃侃而谈的潇洒,而是做事的效率——如果你做什么事都是拖拉的、没有效率,那么,谁能长久地愿意被你套路下去呢?

第 二 章
抱怨，是弱者和懒惰者才干的事

李琦最近心情有些低落，原因是同事辛禾跟她同期进的玩具设计公司，而且自己跟辛禾的业绩也不相上下，但是她不明白为什么这次去总公司学习的机会，领导第一个推荐的是辛禾呢？

李琦左思右想，怎么也不甘心，后来忍不住敲响了总经理办公室的门。

当李琦把自己的疑问说出来后，总经理放下手中的笔，看着她问："你上星期就说要交给我的二模产品呢？"

李琦的脸一红，说："我立刻就收尾了，明天交给您。"

总经理摇了摇头，拿出两个模型放在桌上，李琦看到其中一份是自己的，另一份是辛禾的。在总经理的示意下，李琦拿起辛禾的模型，发现它非常规整，而且材料的接口做得非常自然，模型数据也都清晰地罗列了出来。然后，再看自己的模型，材料接口的处理有些粗糙，整体看上去也不是特别工整。

瞬间，李琦的脸变红了。

总经理看着李琦说："同样的时间，辛禾交上来的模型，一模就能通过并投入生产。可是，你的模型每次都是我催了又催才交上来的，而且什么时间交每次你都说得

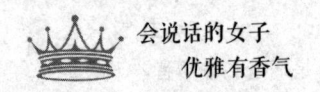

很干脆，可是有几次你是真正在规定时间里交上的？还有，每次你交上来的模型都像半成品一样，一定要经过二模才能投入生产，不是吗？"

从总经理办公室出来后，李琦默默地反思了很久。的确，每次出模型时，自己都一口应承下来，然后抛诸脑后。等到领导追问急了时，自己再匆匆忙忙地加班加点赶工，还总被自己的"埋头苦干"感动不已。

李琦马上给自己立下目标，一定要改变心态来提高工作效率。首先，她着手一拖再拖的二模模型，一遍又一遍地处理接口，直到接口光滑、自然。模型里面细到每一颗小小的螺丝钉，她都用心打磨。用了两天时间，她将打磨好的模型交了上去。

看到总经理惊讶之余又有些赞赏的眼神时，李琦觉得从未有过的满足。

李琦说，她一直觉得自己很难将工作细化，而且总觉得还有时间去慢慢做，现在才明白，那不过是为自己做事效率低找的理由。现在，她做的模型基本一模就能通过，即使偶尔仍有延期，也总能在被领导追问之前完成。

以前，李琦做模型总是不能专心，看看手机新闻、跟别人聊聊天，导致工作没有效率。最后关头她就开始加班加点，还总做"差不多先生"。

其实，根本原因不过是她的懒惰，完不成工作还总为自己找各种理由，并且总抱怨领导看不到自己加班加点的"苦劳"。

总之，工作没有效率，再多的"苦劳"也难以变成"功劳"。

我们的身边总有一些人，刚刚接触他们时你觉得惊喜不断，好感度爆棚——无论是他们的言行举止，还是他们干脆利落的帮忙，这些都让人觉得太棒了。可是，接触一段时间后，你就觉得对方的话语撑不起他的内在行动力，因为他没有能力来兑现自己口中所说的高效率。

苏凯就认识一个这样的人。

因为做自媒体的关系，苏凯认识了一些投稿人，宋青和小羽便是其中两个比较有文采的人。通过一段时间的接触，苏凯觉得这两个人真心不错。

宋青说话风趣，语言组织能力强；小羽写的文章，语言风格总是给人耳目一新的感觉。苏凯觉得这两个投稿人

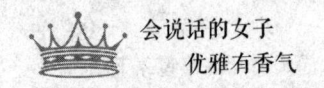

真的是非常难得，过了一段时间后就予以重用，开始把手头上积压的稿子分给她们。

宋青也没有让苏凯失望，第一篇文章就让苏凯觉得她真的是一个可塑之才，语言逻辑性非常强，辞藻也很耐人寻味。有了这篇文章作为基础，苏凯便经常把定期要发表的自媒体稿子交给宋青帮忙写。

但是，也就是最初的几篇稿子宋青如期交上了，后面的稿子说好了月初交，可是到月中都不见踪影。

刚开始，苏凯还能体谅，会试着相信宋青说的各种理由。可是，有一次宋青刚刚说她身体不舒服，稿子还要再晚几天交，转眼间，苏凯却在朋友圈里发现她正在跟一帮朋友逛街购物。

当第二天苏凯准备质问宋青昨天的事时，还没等他话说出口，宋青的抱怨便已席卷而至："我每天写稿子的压力很大，所以出去放松了一下，劳逸结合才会事半功倍嘛。而且，你的稿子要得急，还要保质保量，哪里就能那么容易写出来啊！"

苏凯说，那一刻他差点笑出来，如果刚开始这么说还能接受，现在几乎一个月写一篇稿子还是拖了又拖，有什

第二章
抱怨，是弱者和懒惰者才干的事

么压力要加班加点的？

而与宋青不同的是，每次小羽都能赶在交稿日期前把稿子写出来，然后发给苏凯校对。即使苏凯有什么急稿交给她，她也能迅速地做出回应，然后出稿。

慢慢地，苏凯交给宋青的稿子就少了。为此，小羽为宋青还向苏凯求情："以后就不用宋青写稿子了吗？再给她一个机会吧。"

苏凯笑笑，说："我给过她机会，也延期过她的稿件，关键是她不但工作中这样，生活中也是这样。有一次我们约在下午两点见面，她让我等到了4点，她这样的做事效率实在让人难以接受。而且，这不是能力问题，而是态度问题——她这是不尊重别人的时间，这样的人怎么能在一起共事呢？"

无论是宋青还是李琦都应了这句话：说得好，是一个人综合能力的一部分，可是说得好的同时还要做得好。

我们生活在一个需要高效率的时代，即使你舌绽莲花让人拜服，如果在工作和生活中没有效率，依然不能脱颖而出。而你答应时的干脆与你的做事效率不成正比，无非

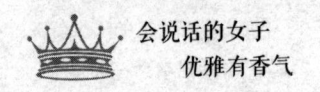

是你的态度有问题——是你对自己懒惰和无能的放纵，因为用嘴写空头支票太容易了。

作家老杨的猫头鹰说："在我看来，能出成绩的人，并不是车轱辘最大的，也不是马力最强的，而是效率最高的。"

可见，你的话说得多漂亮没有用，完成了多少才有用；总是承诺努力做到最好没有用，而是你真的做到了才有用。

你要相信，一个能把工作高效率完成又懂得生活的人，不会肆意浪费别人的时间和精力，也不会轻易消耗别人的信任和期待，更不会贬低自己在对方眼中的价值和地位。

博客红人张小砚说："西藏不在拉萨，不在布达拉宫，不在大昭寺，它在路上。川藏线上有两种人，一种是吹牛的人，另一种是从不吹牛的人，因为后者本身就牛！"

说话好听是你难得的一张通行证，不要让低效率成为你人生的绊脚石。

4. 抱怨，是弱者和懒惰者才干的事

《亲爱的三毛》一书中写道："偶尔的抱怨一次人生可能是某种情感的宣泄，也无不可，但习惯性的抱怨而不谋求改变，便是不聪明的人了。"

很多时候，我们似乎总喜欢一边做着事情，一边嘴里还习惯性地嘀咕，却从未真正地去思考：抱怨真的能解决问题吗？

答案当然是不能。

抱怨，其实就是弱者的盾牌，懒惰者的借口。

文丽是学 IT 专业的，毕业后应聘到了一家游戏公司工作。她的梦想就是想让游戏玩家都喜欢她设计的一款游

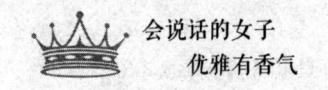

戏，让它能成为游戏界的爆款。

刚开始工作的头两年，文丽工作积极，特别上进——每天早早到达公司，很晚才下班。她还经常会去自主学习一些新的游戏代码、编程。

没过多久，公司换了新上司。新上司一上任，第一件事就是要求公司的每一位职员都要学会写方案，做一个能编能写还会玩的复合型IT人才。

在后面的几个月时间里，文丽与同事一起合作，前后研发了几款不温不火的游戏项目。可每次上司都不会表扬文丽，这让她感觉自己的努力没有被新上司看到。因为，在以往的项目中，文丽一直都扮演着配角，从未担任过主角，更别提单独组织研发团队研究、开发游戏项目了。

有一天，文丽突然像顿悟了似的：既然上司不找我，我为什么不能去找上司说明自己还是有能力的呢？

说干就干，经过两周的前期筹备，文丽将准备好的游戏项目计划书带到了上司的办公室，并自荐说自己想研发一款新游戏项目。

上司看过文丽的计划书后，并没有立刻否决——首先是对她工作认真、积极上进的态度进行了表扬，接着对游

第 二 章
抱怨，是弱者和懒惰者才干的事

戏项目计划书进行了多项修改，并提出了可行性建议。

文丽看着原本漂亮的计划书被上司改得一塌糊涂，感觉特没面子，恨不得直接找个地洞钻进去。拿着上司修改过的计划书回到自己的办公桌后，文丽小声地嘀咕着："不想让我做这个游戏项目就直说，何必这么不尊重人，居然修改了这么多，真是一点面子也不给我。既然你这么厉害，那你弄吧，这次我还就不做了。"

这时，一名同事经过文丽身边，在听到她的抱怨后，看了一眼她桌上的计划书。看着上面的修改笔迹，同事吃醋地说："这上司也太偏心了吧？上次我做的计划书他只看了一眼就直接给毙了，今天他居然给了你这么多的可行性建议。文丽，这次你挣到了，再次说明你的计划书一定是不错的。"

文丽不以为然，淡淡地笑道："我这哪是挣到了，人家分明就是鸡蛋里挑骨头，显摆他多能耐，真是一点面子也不给我。"

"文丽，这么说可是你的不对。要知道，新上司可是游戏界里出了名的人物，有多少人挤破头都想得到他的指导，你别得了便宜还卖乖。"

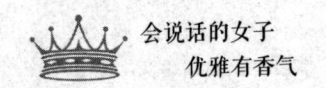

听同事这么一说，文丽并没有喜悦感，摇摇头又说了一句："他只不过是新官上任三把火，何必这么针对自己的下属呢？幸好我没做，要是开发了这款游戏，还不知道到时候会被他折磨成什么鬼样！"

文丽怎么也不会想到，此时上司就站在她的身后，她与同事的对话对方都听到了。上司之所以给她的计划书做了那么多的修改与建议，是觉得她的这款游戏设想如果能研发上市，说不定真的会成为爆款。

上司以为文丽回去后会好好地看看自己的建议进行修改，但怎么也没想到，当自己站在文丽的身后居然听到她如此多的抱怨。

现场的尴尬气氛让文丽不知道该说些什么，正当她想解释时，上司摆了摆手说："既然没有做好十足的准备，就不要再去想着这款游戏项目研发的事情，公司最不缺的就是IT人才的输入。"

就这样，文丽丢失的不仅是一次游戏研发的机会，还让上司对她的印象与信任大打折扣，让她在这个行业的前途减了很多分。

这本来是一件好事，在职场中如能得到上司的赏识，

第二章
抱怨，是弱者和懒惰者才干的事

又何尝不是千里马遇到了欣赏它的伯乐呢？这时最该做的就是摆正心态，谦虚学习，而不是把别人对你的帮助当成你不想行动的借口。

不管是在职场中还是生活中，对待任何事情都要从多个角度去思考，而不只是单纯地把这些看作一种负担。要知道，当一个人负担越重时，抱怨声就会越强烈。与其不断抱怨，不如摆正心态，多想解决问题的办法，迎难而上，这样方能迎接希望的曙光。

果果出生在单亲家庭，一直跟着妈妈生活。从小的成长环境练就了果果坚强的性格，不管遇到什么困难，她第一时间不是抱怨自己的条件比别人差，而是会去想破脑袋寻找解决的办法。

现在，果果在一家公关公司上班，通过努力，五年后她成了该公司的部门经理。或许很多人觉得这是果果运气好，其实不然，世界上没有永远的好运气，只是不断努力拼搏、奋斗的结果。

果果上大学时学的是公关管理专业，与同学麦子一起应聘到了现在的这家公司。刚开始实习的时候，她们俩都

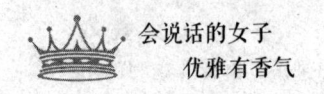

没有任何工作经验，只能一边努力工作，一边拼命学习，相互鼓励。

渐渐地，麦子受不了这种工作环境与压力，在工作中出现了各种抱怨。与其说是抱怨，不如说是不够勤奋——每次上司交给麦子任务，她想的不是怎么解决问题，而是想方设法让果果帮忙。而果果呢，永远走在想办法解决问题的路上。

同样的人，同样的事情，但在处理事情的方法上，两个人却处在不同的频道上。这注定了一个会被淘汰，一个能被赏识。

有一天，麦子从上司的办公室出来，手里拿着一份比较棘手的公关案子。她看了几眼后，感觉里面提的要求都很难处理，赶紧去找果果，问这个案子怎样处理为好。

果果看后，给了麦子一些可行性的建议。然而，当麦子提出想让果果帮忙处理时，果果委婉地拒绝了，因为此时她自己的手上也还有正在进行中的案子。

这时，只听麦子抱怨道："公司每次都把这样难处理的事情丢给我，给你的都是一些能轻松处理的工作，凭什么呀？"

第 二 章
抱怨，是弱者和懒惰者才干的事

果果没有多说什么，而是鼓励麦子："加油，相信你一定可以的。"

麦子一听就不高兴了，以前果果都是很爽快地答应帮她，唯独这一次拒绝了她。她提高了嗓门说："就你行，你行你上呀？别只想着给别人建议，光说不做谁不会？"

看着麦子有些失态，果果将她拉了拉，小声说："麦子，你干什么这么大嗓门，这是办公区域。"

正在气头上的麦子才不会考虑这么多，她酸溜溜地说："哟，怎么了？你也知道要面子呀？"

果果没有多说什么，她知道多说也无益。她的本意其实只是想让麦子明白，与其抱怨工作的难度，不如静下心来想办法解决问题，提高工作效率。

听到外面有吵闹声，上司从办公室里走了出来，看着正在生气的麦子，他严肃地说道："这里是办公区域，谁允许你在外面嚷嚷的？要么做好工作，要么走人！"

一气之下，第二天麦子向上司递交辞呈离开了。她离开后，之前遗留下来的工作，上司全部移交给了果果去处理。

从上司手中接过案子，果果没有任何的抱怨，而是直

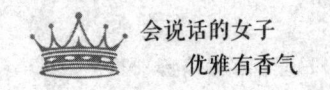

接开启了疯狂加班的模式。她与客户对接各种事项，电话几乎都打爆了，公司、客户两边来回跑，常常凌晨时分回到家，睡三五个小时后又开始工作。

整整两周的时间，果果整个人泡在这个棘手的公关案子中，其中的艰辛她没有向上司抱怨过一句。每次上司对她说"你辛苦了"时，她总会开心地说："不辛苦，这也是一种成长！"

最终，在果果的努力下，这件事情被她处理得非常完美——客户与公司都非常满意，达到了真正的双赢。

试想一下，如若果果像麦子一样，遇到稍微难一点的工作就抱怨连连，那还会有后面的成功吗？肯定没有。

心有阳光，不惧远方。有了阳光的心态，又何惧困难的出现。不去抱怨，才能拥有更好的人生。

威尔·鲍温在《不抱怨的世界》中写道："我们抱怨，是为了获取同情心和注意力，以及避免去做我们不敢做的事。"

在这个世界上，每个人都在为了生计拼命奔波，没有谁比谁过得更轻松。与其浪费时间去抱怨自己的现状，不如想办法去解决问题。

别让自己活得像个怨妇似的，对自己的人生充满了抱怨，这样只会让你不思进取，最终迎接你的不会是阳光，只会是黑暗。

为什么厉害的人被称为牛人呢？其实，他们跟你的区别只在一个关键细节上：当你还在抱怨的时候，他们已经学会了不抱怨，并且把抱怨的时间用来做该做的事情。所以，只有弱者与懒惰者才会时常将抱怨挂在嘴边。

记住了，越抱怨，运气越差。

5. 你说话的方式，体现了什么才是真爱

有人说："说话与聊天不一样，聊天几乎可以不用心，说话是要动心思的。"

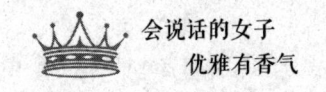

实际上，很多时候说话不仅是动了心思的，还隐藏着更深层次的感情。所以，说话不仅是一门沟通艺术，更是情感的交流——正如这两句诗所描述的一样："为什么我的眼里常含泪水？因为我对这土地爱得深沉。"

包含在语言中的感情通常很难察觉，但只要能感受到，那必然是至真至诚的深沉的爱。

比如，跟朋友相处得时间长了，总会有需要互相帮助的时候。在得到别人的帮助后，你要递上一句暖心的话："李哥，前两天的事劳您费心了！""老张，上次的事多亏了你，客套话就不多说了，这份恩情我一定铭记于心。"

话虽不多，足够真诚就能够让对方感到温暖。

用心说话的人，对他人的感情一定是真挚的，请好好珍惜。这样的人值得交一辈子，无论是朋友还是伴侣，毫不夸张地说，这绝对是"真爱"。

周霞推开虚掩的房门，踏进好友华宇的房间，顿时，一股食物腐烂的臭味扑鼻而来。仔细一看，只见地板上散落着各种外卖包装、空酒瓶子，偌大的客厅竟没有下脚的地方，更不用说找到华宇的所在了。

第 二 章
抱怨，是弱者和懒惰者才干的事

周霞小心翼翼地走过客厅，终于在角落的沙发里找到醉得不省人事的华宇，他手里还拿着半瓶酒，似乎才刚喝过不久。看着烂醉如泥的华宇，周霞恨铁不成钢，她随即打了一盆水给华宇擦了脸。

"别来管我，让我醉死在这里好了！"华宇嘟囔道。

"别以为你喝醉了我就不敢打你，你说，到底发生了什么事情让你颓废成这样？"周霞气不打一处来。

"我们分手了，她怎么可以这么狠心地抛下我？这么长时间的感情，她说放弃就放弃！"

"天涯何处无芳草，何必吊死在一棵树上呢？不就是一个不爱你的女子吗，有什么了不起的？"

"你不懂，她就是我的一切，我觉得这辈子自己再也不会爱上其他女子了。"华宇的眼里看不到一丝生气。

"还不会爱上别人了，你也不看看，就你现在这副鬼样子，有哪个女孩子会喜欢上你？一路走来被拒绝有十多次了吧，还没习惯吗？"

周霞故意刺激华宇，见他没反应便继续说："你根本就不是喜欢她，只是喜欢这种感觉本身，你已经陷得太深了，放弃吧！你已经彻底失去她了，她已经不爱你了，不

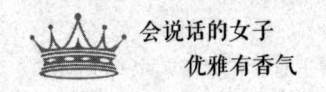

爱你了，知道吗？醒醒吧，再颓废下去，最终受伤的也只是你自己。"

"你别说了，就让我这样自我放逐、自我堕落吧，这也许是我最好的归宿。"华宇不以为然地说。

"说到底，你就是个懦夫！你根本就不愿意面对真实的自己，你以为把自己关在这里喝酒就没事了吗？你知不知道你消失的这几天，大家有多担心你，都差点报警了！现在我问你三遍：华宇是不是死了？华宇是不是死了？华宇是不是死了？"周霞近乎开始咆哮了。

顿了顿，周霞接着说："算了，你还是一辈子单身好了，因为你根本就不配拥有爱情——遇到了这么一点挫折就受不了了，你的情商呢？你的智商呢？被狗吃了吗？你在这里痛得死去活来，你知道她在干什么吗？我都不敢想象那画面！

"现在给你两个选择：要么你继续醉生梦死，我不会再来管你了，估计你这辈子就这样了，我会一辈子看不起你；要么你就重新振作起来，找回那个无所畏惧、无所不能的华宇！"

说完，周霞丢下失魂落魄的华宇，摔门而去。

第二章
抱怨，是弱者和懒惰者才干的事

几天后，周霞走出公司办公楼的时候，听见一个熟悉的声音，对方开口说："谢谢你，我回来了。"

周霞露出了灿烂的笑容，说："华宇，真为你感到高兴，欢迎回来。"

正所谓："良药苦口利于病，忠言逆耳利于行。"尖锐的话看似不断摧毁着一个人濒临崩溃的内心，实际上是直插对方灵魂的强心针，它也犹如战鼓，能唤醒对方重拾信心的勇气和力量。

易茗听说周霞用这样的方式激励朋友，表示震惊的同时又很欣慰。因为，在她的记忆里也有这样一个人——一个从未见过面的网友W，他总是在她最失落、最无助的时候给她鼓励。

但这样的鼓励不像周霞那样热情似火，从来就是淡淡的，犹如温水一样让人感觉温暖。

易茗心里早就刻下了对方的名字，哪怕隔着千山万水，甚至早已消失在人海中，她也不曾有过片刻的遗忘。

上大学的时候，易茗是一个不出众的女孩，在众多长得漂亮、成绩又好的女生中，她一直默默无闻。但是，她

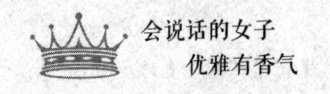

特别努力,每天都起早贪黑地在图书馆里看书学习——即使这样,在班级里她的成绩也只能勉强保持中等。

这次考试又考砸了,其中一个舍友不但没有安慰易茗,反而各种挖苦:"你看你整天泡图书馆有什么用,还不是考得一塌糊涂。也不知道你每天到底是真的去看书了,还是去装装样子,或者是去看帅哥的?你还是省省吧,自己也不照照镜子,哪个帅哥会看得上你啊!"

听到这里,易茗的眼泪不争气地流了下来。她跑到没人的地方大哭了一场,然后打通了那个熟悉的电话。

电话那头传来的声音让易茗渐渐止住了哭泣,W说:"她们本就是你生命中的过客,何必在意她们的看法?别用他人的无礼来惩罚自己,你每一步都走得问心无愧,靠自己的本事活着一点都不丢脸。"

大学毕业后,易茗一路磕磕绊绊。她先是考研失败与心仪的学校失之交臂,W安慰她说:"一次失败并不代表什么,你真的已经很棒了,我为你骄傲。"接着是她找工作接连受挫,W又安慰她说:"不用担心、不要心急,尽管去找你喜欢的工作,适合你的就在不远处等着你。相信自己是最棒的,你一定能成功。"

第 二 章
抱怨，是弱者和懒惰者才干的事

终于，易茗进入了一家心仪已久的公司工作。但是，她面对要学习的基础工作以及复杂的人事关系，每天加班熬夜到她近乎想要放弃。这时，也是 W 帮她出主意解决了很多问题，并鼓励她："黎明很快就要来临了，再坚持一下。别怕，我会一直在你身后做你最坚强的后盾。"

正是那个神秘的 W 不断地鼓励着易茗，她才变得越来越自信，在职场中也越来越如鱼得水，慢慢地得到了她渴望的一切。

这时，易茗再也不需要 W 的鼓励和安慰了，于是他渐渐地淡出了她的视线。

直到某天，易茗想起了好久没有联系的 W，再次拨通那个熟悉的号码时，却传来冰冷的提示音："对不起，您所拨打的电话已停机。"

不知不觉中，易茗的泪水夺眶而出。她早已爱上了那个黑夜里照亮自己的太阳，现在却只能一个人往前走了。

每个人都会因为他人的赞美而得到自尊心和荣誉感的满足，很多时候，你需要做的或许只是"张口之间，举手之劳"，而这样一些简单的话语和动作或许就能给他人带来终生美好的回忆，甚至能改变他们一生的命运。

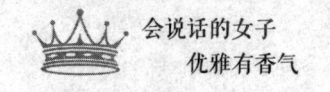

两种看似截然不同的说话方式，最后却达到了相似的效果。究其原因，我想，更多的还是因为说话的初衷是因为想让对方变得更好——不管是从颓废中重新站起来，还是在逆境中变得坚强、更有自信，这些都源于一种感情，那就是爱。

尽管如此，说话方式还是非常重要的。对于不同的人，有不同的适用方法——有的人喜欢直截了当，有的人喜欢曲折委婉。所以，要想获得好的沟通效果，需要对对方有一定的了解，尽量去选择对方易于接受的方式。正所谓："知己知彼，百战不殆。"

还有一个重要的问题，就是要学会站在对方的角度想问题。对方的需求是什么？你的劝告能否满足这样的要求？在开口前，不妨问问自己"怎样说才能让对方愿意接受我的观点"，而不是"我的观点是什么，你愿不愿意接受"。

这样做，对方更加易于接受你，才能感受到来自你的情义，理解你的良苦用心。

第三章

你那么优秀，说话也好听

"要使人信服，言语常常比黄金更有效。"优秀的人，最懂得语言的魅力。一个人若能懂得好好说话，人生便会顺遂很多。

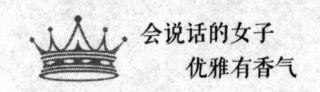

1. 余生，与好好说话的人在一起

很多人都觉得，如果一个人有了高颜值，就一定会比别人过得顺利。然而，如果一个帅哥或美女言谈粗鄙、修养差，那么，再高的颜值也会大打折扣。

相反，如果一个人没有出众的容貌，却能凭借会说话这种能力成为所有人关注的焦点，为自己增添人格的魅力和更多、更好的机会。

你有没有发现，身边总有那么一些长相帅气、能力优秀的男人，最后反而被相貌平平的姑娘征服了？

张宇就是这样的人。

有一次参加公司聚会时，张宇被同事问："你的能力在公司里是有目共睹的，都说一个优秀男人的背后有一个默默付出的女人，你是怎么被你太太征服的？"

张宇立刻就笑了，他说他们俩其实是大学同学，有一次他带队排练一出话剧参加新生联欢会，可是因为种种原因排练的效果一直都不好。随着排练的次数增多，张宇也越来越烦躁。这时，一起排练的一个姑娘给他递过来一罐饮料，说："喝点水，别上火。"

当时，张宇的脾气犹如一个打满了气的气球一样，被外力触碰后"啪"的一下就炸了。他把饮料往地上一摔，大声吼道："你们的脑袋都怎么长的？我说了多少遍，要注意肢体语言，看看你们怎么做的，不会就滚蛋！"

出乎意料的是，那姑娘并没有生气，她笑着把饮料捡起来，放在桌子上，平静地说："你好好说话行吗？有什么事不能解决，慢慢来。你刚才的大吼声和摔饮料罐子的动作，是不是就是你说的肢体语言？你再给大家演示一下，我估计大家都能理解了。"

那一瞬间，张宇的脸红了，也被这个会说话的姑娘征服了。那一刻，他觉得对方实在太有魅力，自己一定要把她娶回家——那个姑娘就是他现在的妻子。

事实上，好好说话，收获最大的一定是我们自己。你

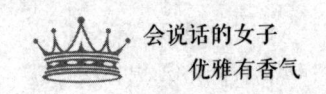

越会说话,别人就越会喜欢你,而你也就越会幸运。

芸芸总是喜欢在朋友圈抱怨跟丈夫相处的日常生活:

"他已经一整天没有给我发信息了,他是不是不爱我了?"

"为什么他在外面可以跟别人谈笑风生,跟我却连好好说句话都不愿意?"

"婚姻难道真的会改变一个人吗?婚前我们无话不谈,婚后我们无话可说。"

"我就是控制不住自己,明明说好不吵架了,可遇到问题总是情不自禁地大声喊:我该怎么办?"

电影《一句顶一万句》中有一句经典台词:"恋爱时,他们有说不完的话;结婚后,他们有吵不完的架。"

显然,婚后的感情出现裂痕,很大的可能是彼此都不懂得如何沟通。

雯雯在美甲店里做指甲,此时电话响了,因为不方便接听,她按了免提。电话那端传来一个低沉的男中音:"亲爱的,你在哪里呢?"

"我在美甲店做指甲呢。"

第 三 章
你那么优秀，说话也好听

"那一会儿有什么安排吗？"

"没有安排，做完我就回家了。"

"我现在马上去开会走不开，麻烦你帮忙把衣架里那件灰色西装送去干洗吧，明天出差我可能会用到。"

"好的。"

"亲爱的，辛苦啦，没事我先挂了。"

美甲的工作人员感到好奇，忍不住问雯雯："这是谁啊？你男朋友吧？"

雯雯说："哪里是什么男朋友啊，这是我老公，我们都结婚快十年啦。"

姑娘大惊道："你们感情真好。对这类家务事，老夫老妻的不应该是拿起电话就说'喂！你在哪里？早点把我的衣服送去干洗了'这样的话吗？"

雯雯笑笑，说自己的老公情商高，会说话。比如，前天她新买了一条连体裙，正对着镜子左看右看，此时，她的老公下班回家正好看见了，第一时间就给予赞美："亲爱的，这是给我的惊喜吗？这件衣服太适合你的气质了。"

的确，岁月是把杀猪刀，雯雯的小腹上也早就有了一圈赘肉；敷再多的面膜，她的眼角还是有了细细的皱纹；

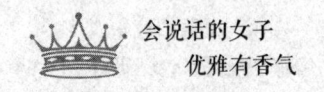

看再多的青春偶像剧，也掩盖不了自己的家庭主妇气。可对于老公的夸奖，雯雯还是很受用。最起码，她明白了两件事：第一，老公不嫌弃自己渐渐衰老的容颜；第二，老公爱自己，不吝啬赞美，一如当初甜蜜的恋爱期。

李清照有词曰："怕郎猜道，奴面不如花面好，云鬓斜簪，徒要教郎比并看。"

雯雯说，自己曾幼稚地认为，女人只要自己足够强大，即便没有老公的赞美依然可以光鲜亮丽。事实上，老公的赞美才是女人最有效的化妆品，尤其是婚后过日子需要日夜操劳，围着柴米油盐等家务事转悠的家庭主妇，更需要男人的肯定和赞美。

所以，懂得好好说话的夫妻，幸福感的确更强。而那些不幸的家庭，夫妻俩日复一日地争吵和闹矛盾，多半也是由不会好好说话开始的。

本来丈夫只是想让妻子关一盏灯，以此调节一下光线，一开口却说成："你开那么多灯干吗？不浪费电啊？"

本来妻子只是想提醒丈夫外面下雨了，要尽快把阳台的衣服收一下，结果一个电话打过来，却成了质问："你在干吗？外面下雨了都不知道，真是靠不住！"

第 三 章
你那么优秀，说话也好听

本来丈夫只是想给正在开车的妻子建议说这条路直行更安全，话到嘴边却变成："别随便变道，你不要命了吗？撞上了责任都是你的，你负得起吗？"

本来母亲只是想提醒儿子考试再认真一些的话分数还能提高，一张嘴却变成："你这脑子是石灰做的吗？做题前都不知道再认真思考一下？"

同样的语义，如果用为对方设想的方式说出来，收获的将是对方的感激、思考和实际行动。而若以简单、粗暴，甚至人身攻击的方式说出来，收获的则是对方暴跳如雷的反应。

所以，余生与一个会好好说话的人在一起吧，这太重要了。

大华和橘子是一对 90 后夫妻，两人经营着一家烧烤店。但是，从他们搬过来不到半年的时间里，邻居经常能听到他们吵架，并且每次都是为了一些鸡毛蒜皮的小事而吵。大华嫌橘子熬粥时放水多了，买回来的菜不够新鲜，给客户上的肉串经常数量不对；橘子则埋怨大华不做家务事，不关心自己，整天只知道抽烟喝酒。

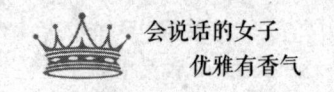

周末的时候,他们又一次爆发了争吵,两人开始闹离婚,妻子回了娘家。大华跑到好哥们家诉苦,听了缘由后,好哥们有些哭笑不得。

原来,做烧烤生意,最重要的就是菜品的新鲜和调料的配比。昨天,大华因为腿疼去按摩就让橘子去农贸市场进货,结果等他回到家一看,购物清单上需要买的食材三分之一没有买,不需要的海鲜类则买了不少。橘子解释说,她想增添一些新的烧烤品种。

然而,那天晚上海鲜一直无人问津,反而是缺少的食材总是被人问起。一怒之下,大华开始吼橘子:"你怎么这么笨,连去买个菜都买不好!这些海鲜根本不能久存,辛苦忙碌一晚上反而还会亏本,你还能干点什么!"

橘子被吼得一愣一愣的,坐在沙发上哭了一会儿,她骑着电动车回了娘家。临走时,她给大华留下字条:"结婚这么多年,一开始我就尽心尽力地照料这个家,可我干活总是入不了你的眼。我们离婚吧,愿你娶个能干的媳妇。"

闹离婚的导火线竟然是橘子买错了一次食材,但仔细一想,根本原因则是橘子多年如一日的付出在大华眼里一文不值。

第 三 章
你那么优秀，说话也好听

好哥们儿问他："你老婆经常买错菜吗？"

大华摇摇头说："没有。"

"你老婆每天躺在家里，不洗衣服、不打扫卫生、不做饭吗？"

大华吃惊地看着好哥们儿，说："这怎么可能？"

"孩子的脏衣服、厨房里的垃圾、皱巴巴的床单、落满灰尘的家具，都是谁收拾的？"

"还是她。"

好哥们儿一摊手，表示无奈："如果说男人是视觉动物，那么，女人就是听觉动物。她可能脾气不好，但只要你哄哄就会很开心，甜言蜜语是征服女人最好的也是最划算的武器。"

大华准备去把橘子接回来，决定开始尝试听从朋友的建议，好好与橘子相处。

橘子回家后，习惯性地收拾了脏乱的沙发，清洗了厨房里的碗筷。

这一次，大华笑嘻嘻地递上一盘洗好的草莓，说："老婆你真棒，你走了以后我才发现，我根本离不开你。"

橘子傲娇地说："怎么可能，我可是连买菜都买不好

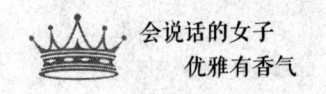

的人。"她听起来似乎还在生气,但她情不自禁上扬的嘴角出卖了自己真实的情绪。

一个能好好说话的人,不一定要有多高的学历,而是他要说话真诚,为人随和,处处为他人着想。看到身边的人难堪,他不会静坐旁观,总是能第一时间体会到别人的难处,设身处地地去为对方化解尴尬。

也许很多人会问:到底怎样才能变成一个会好好说话的人呢?其实,有时候轻描淡写地开些玩笑,便能缓解紧张的处境。

有人说,这是情商高的人的特权,也是少数人具备的社交能力。事实上,会好好说话不是有心计,而是高情商的表现,也是一种生活技能,能够让谈话气氛变得融洽。

无论是在日常生活中还是婚恋中,若是学会了说话的技巧,说话时便会令人感到舒心。

同样是为一些微不足道的小事吵架,不爱你的人只会一味地发脾气,最后双方不欢而散,谁也没得到什么好处。这是因为,爱你的人懂得控制自己的情绪,懂得好好说话,这样就能化解一场没必要的争吵。

第三章
你那么优秀，说话也好听

用心爱你的人都明白一个道理：一段感情里，面子不重要，和伴侣一起过成自己想要的样子才重要。

吵架无非就是想让对方妥协，让对方认同自己的观点，认为自己是对的。但对了又如何？吵赢架虽然赢一时，但会伤人心。

爱你的人，他知道说出去的话就像泼出去的水收不回，伤过的心也不会再完美如初。而情商高的女人，知道自己的温柔永远是最柔软的武器，永远不会跟别人硬碰硬。当你用温柔对别人，别人也不会粗暴对你——有谁会对一个温柔的女人发脾气呢？

余生很长，请跟会好好说话的人在一起。

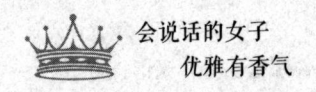

2. 侃侃而谈，不是说话有趣

生活中，我们总会遇到一些有趣的人，他们谈吐非凡，说话风趣幽默。

说话有趣是一种特性，一种以愉快的方式娱乐、感染他人的特性；也是一种能力，一种可以提升人格魅力的能力；更是一种艺术，一种比单纯的讲笑话更高超的艺术。

梁实秋就是这样一个男人，他不仅在文学上有巨大的成就，而且说话幽默。他在73岁高龄时与韩菁清结婚，洞房花烛夜，因为新房设在韩家，他不熟悉环境，加上高度近视，一不留神就撞到了墙上。

新娘韩菁清立刻上前将梁实秋抱起，没想到梁实秋顺口对韩菁清说："这下你成'举人'了。"

第 三 章
你那么优秀，说话也好听

韩菁清也风趣地说："你比我强，既是进士（近视），又是状元（撞垣）。"然后，两人相视大笑。

梁实秋有趣，韩菁清可爱，两个人在一起走过了13个年头，生活有了彼此的相伴，可想会有多幸福。琴瑟合鸣让梁实秋在暮年又迸发出惊人的能量，做了更多具有贡献性的工作。

说话有趣也是一种成就自己的力量，能使自己摆脱困境，自由自在地表现自己的想法和感受，使你可以自由地去冒险，表现不平凡的作为，创造有价值的人生。

黄岩早年下海经商，在浙江做小商品批发赚了第一桶金，后来又去广东开厂做服装生意。如今，早已实现人生理想的他被人称为黄老板。

黄岩乐善好施、广交朋友，是一个讲话有趣的人。有一次，跟几个朋友在一起吃饭，黄岩讲起他在创业初期的种种过往，他绘声绘色地描述着当时的情景，甚至还模仿当时的语气。听者仿佛穿越时空，跟他一起经历了那些过往的传奇，时而低头沉思，时而哈哈大笑。

黄岩平常是个爱听相声的人，就经常模仿德云社的几

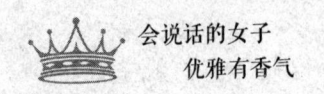

个段子讲给大家听，以致后来听他讲话就跟听相声一样。

其实，黄岩也不是一开始就能像现在这样侃侃而谈。

记得黄岩说过，他第一次约女孩子出去吃饭，不知道该说什么，也不知道怎么说，以致两个人点了一份沙拉，对着看了5分钟愣是一句话都没说。最后，女生忍不住了，直接来一句："我想问问你，是不是我不说话你也不准备说话了？"那顿饭吃得不欢而散。

后来，那个女孩子看黄岩诚心，就主动教他要怎么聊天、怎么调动气氛、怎么察言观色。比如，女生说："这辆车好特别啊！"这时候，你不能只回复"哦"，而是要联想一下自己看到过的改装车都有什么不同的地方。

就是这样，通过一点一点不断地练习和积累说话的技巧和经验，才有了今天的黄老板。别看他长着一张憨厚老实的脸，平时没心没肺、嘻嘻哈哈的，他却特别善于从别人的眼神里读出对方真正的想法，以做出最适当的反应。

很多客户都是在这种相对轻松的氛围下签了订单。一开始，很多客户不适应，觉得黄岩会不会是笑面虎，但他用真诚的心打动了客户，用幽默风趣的方式吸引了更多的客户，最后合作成功后也跟很多客户成了好朋友。

第 三 章
你那么优秀，说话也好听

黄岩的人生阅历比很多同龄人都要丰富，所以，他比其他人有更多的谈资，总是能侃侃而谈。他也善于察言观色，但凡有人流露出不感兴趣的神情，他很快会找个时机闭嘴，不会为了聊天而聊天。

所有跟黄岩接触过的人都说他情商很高，跟他聊过天的人，在结束后都感觉意犹未尽、相见恨晚。因为名声在外，越来越多的人想要跟黄岩交朋友。

黄岩参加了不少饭局，只要有他在场就会金句频出，每隔一段时间就逗得大家哈哈大笑，最后在欢声笑语中结束聚餐。

像黄岩这样能侃侃而谈、说话有趣的人，走到哪里都会受到欢迎。试问，谁不想跟智商情商都高的人交朋友呢？

黄岩的同学朱东，则是一个宅男，更是一个历史迷。他说起古代史来那是如数家珍，世界史也了然于胸，连很多冷门的历史知识都知道。

只不过，朱东有个不太好的习惯，那就是只要说到与历史有关的话题就停不下来，人越多说得越起劲，而且都是大段大段史实类型的"纯干货"，信息量巨大。但对于

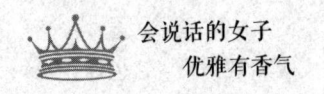

很多对历史不感兴趣的人来说,这就是催眠药。

有一次同学聚会,因为许久不见,大家相谈甚欢,觥筹交错好不热闹。这时,不知是谁在大谈黄岩发家史的时候讲到了抗日战争时期。这可倒好,起初一言不发的朱东立刻来了精神,就从抗日战争的起因、经过、结果,讲到深远影响,甚至还讲到了几次重要战役的来龙去脉。

这一切看起来好像朱东不是来参加同学叙旧的聚会,而是来讲历史课的。虽然他讲得比历史老师要详细得多、专业得多,但大家普遍对于发家史的兴趣要超过研究历史的兴趣。

有一名女同学忍不住了,但还是保持礼貌地说:"东哥啊,我们还是听黄老板讲讲他的发家史吧,让我们也学习学习,好早日发家致富啊!"

结果,朱东很不屑地来了句:"你知道什么叫'知识就是力量'吗?现在我可是在浪费宝贵的时间给你们免费讲课呀,要知道,平时我给人家上课很贵的。发家史有什么好听的?你们最想听的肯定是他隐藏的部分,是吧黄老板?还不如听我讲讲真实的历史呢,多有意思。"

黄岩面露尴尬,说:"兄弟啊,我看你讲了很长时间

第 三 章
你那么优秀，说话也好听

了，先休息一下吧。你上课一小时多少钱算我的，今天晚上也让大家讲讲其他的故事嘛。"

朱东没听出来黄岩话中的意思，自顾自地说："我这人有强迫症，讲不完我难受啊。这杯酒我一口闷了，喝完让我继续讲。"说着，他把一大杯白酒一饮而尽，然后开始讲起了清朝历史。

大家想着难得同学聚会一次，也不好当面驳了朱东的面子。但随着时间的流逝，大家越听越无趣，纷纷皱眉，或者开始交头接耳。

朱东只顾眉飞色舞地讲着，完全没有注意到，除了他以外每个人的手机都响了一下。从大家不约而同低头看手机开始，有人说家里有孩子要带，先行告辞；一会儿又有人说老婆来查岗，也走了；几名女同学则说，之前约好了一起去做SPA，一走了之。

偌大的一张桌子瞬间空荡了许多，朱东见人都走得差不多了，顿时也没了兴致，收起话头开始喝酒。

几天后，朱东点进某个同学的朋友圈，看见了一些熟悉的身影——正是那天聚会之后发的，里面唯独没有他。从此以后，他便再也没参加过同学聚餐。

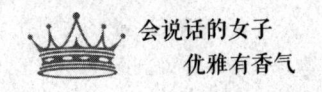

为什么一个能侃侃而谈的人会落得如此结局呢？因为他完全没有考虑到别人的感受。

侃侃而谈并不困难，哪怕探讨的话题是本人从未涉及过的领域，东扯西拽也能找出一大堆话来搪塞了事，满嘴跑火车也能忽悠得听众频频点头称是。但要在侃侃而谈的同时做到有趣，那就有点难度了。

说不清楚究竟是谁不懂装懂，很多侃侃而谈者自以为博学，看似出口成章实则错误百出，但被指出问题后，他们却不见有所改正。

脸皮厚者，哈哈一笑后转移话题，找个新的领域继续发表看法；死要面子的，找出种种蹩脚的理由矢口否认；恼羞成怒者愤然反击，甚至破口大骂，全然不顾所谓人情。重要的是，这些人全然不知道是因为自己的讲话枯燥乏味，所以才让大家都没有了听下去的兴致。

所以，侃侃而谈的时候不要光顾着自己说，还要适时地看看别人的反应。如果别人表现得没有那么积极的话，可能要反思一下自己的表达方式了——否则说得越多，大家越反感。

3. 善于自嘲的人，都有底气

当你能做到善于轻松地自嘲时，你留给别人的印象只会是夸赞。因为，有勇气自嘲是一种风轻云淡的智慧和无所畏惧的强大。

按类别来分，世界上有两种人，一种言语刻薄、喜欢嘲讽别人，一种懂得恰到好处地自嘲。显然，高晓松属于后者。

高晓松有才是公认的，而且他的情商也高，善于自嘲。有网友曾经调侃他，把"高晓松"三个字用反义词来解释称作"矮大紧"。

这符合高晓松的外表特色，别人以为他会生气，结果他自嘲道："我这样的盛世美颜，其实是对镜头的残忍。"

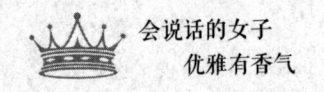

最后,"矮大紧"这个调侃之词变成了网友对高晓松的爱称。

自嘲,是一种智慧。再大的事情,只要当事人敢于自嘲,就会大事化小。

梁洁毕业于一所普通的本科院校,进入创意公司后不到三年,就从一名普通员工升职为部门经理,一度成为办公室里的风云人物。

梁洁工作极为认真,尤其升职之后,对员工的管理更加严格。有时为了完成某个项目,她常常让大家集体加班到凌晨。因为过度加班,同事逐渐对梁洁产生了不满的情绪。于是,一名设计人员悄悄用她的头像自制了一大波表情包,用于发泄情绪。

表情包里的梁洁,被故意恶搞成大头娃娃:或是手拿"我错了"的条幅跪在地上,或是被人用刀横在脖子上。这套表情包本来只是在小范围内流传,但某一次因为一名同事手滑,将其发给了梁洁本人。

换作别人看到这样的表情包,心里多半会不舒服,而梁洁却主动加入了这场狂欢,甚至利用闲暇时间自己设计表情包,然后发到公司的群里。

第三章
你那么优秀，说话也好听

梁洁说："最近看到一组表情包，我觉得太可爱了，于是特地又做了一套。独乐乐不如众乐乐，大家权当是我的一点心意，别客气，随便用。"后来，因为这套表情包，梁洁竟然在短短的时间里就从同事口中的"女魔头"变成"网红"，连老板都特意找她合影。

因为梁洁善于自嘲，本性大度，合作方对她很赞赏，她的业务开展得特别顺利。

由于忙于工作，梁洁根本无暇去谈恋爱，久而久之，办公室流出她是"黄金剩斗士"的传言，且只要她在工作中表现愈佳，呼声就愈高。

五一假期，公司举行一场关于创意相亲的策划案，作为主要负责人，梁洁被要求穿上白色礼服给到场的客户进行解说。那套礼服设计独特，远观起来竟像是一件婚纱。

活动结束后，为了保存资料，策划部将梁洁当时的照片打印出来，封存进公司的档案。于是，有同事背地里调侃梁洁，称她并不是为了工作才穿婚纱的，而是怕自己嫁不出去，赶紧趁着年轻穿一下婚纱留个影。

明明是工作安排，是策划部的创意设计，最后竟成了梁洁被调侃的理由，但她没有计较这些流言。

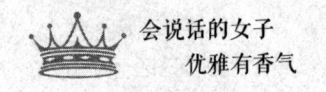

在公司开年会的时候，梁洁特意穿了一件精美的婚纱，算是真正回应了流言。

在年会上进行工作总结时，梁洁说："我入职三年，从最初的职场新人走到现在，一路跌跌撞撞，也曾摔得头破血流，但站起来拍一拍手，我还是会继续往前冲。这三年里，我要感谢的人有很多，但最该感谢的还是咱们公司给了我实现梦想的平台。我实在不知要如何回报公司，只能把自己嫁给公司，未来公司可要待我如娇妻呀！"

这一番话成功打破了流言，也让领导和同事看到了梁洁对公司的热爱。这一次，公司里原本因为嫉妒而对梁洁心生不满的同事，也都喜欢上了这个心胸宽广、满满正能量的女人。

无论是职场中还是生活中，被人嘲讽已经成了让很多人欲哭无泪的常事。正所谓："未曾哭过长夜的人，不足以语人生。"所谓成长，也许就是无数次在黑夜中独自前行。

其实，自嘲是一种不错的谈话技巧，它既能反击舆论堵住悠悠众口，又能对抗内心深处的沮丧。

第三章
你那么优秀，说话也好听

我们的身边一定有这种人，他们天生就有好人缘，能够不自觉地吸引大家来跟他们交朋友。大家也很乐于与他们沟通，有困难了第一时间会向他们求助，有好事也会想到跟他们分享。

周诺就是这样的人。身边的朋友想要聚会，不论何时，只要是周诺发起和组织的，最后一定会宾客尽欢。

不论是哪个年龄段的人参加聚会，你都能看到周诺应付自如：既能陪长辈唠家常、打麻将；也能陪男人们打扑克牌、看球赛、聊一聊时事新闻；还能陪女人们进厨房打打下手、聊些家长里短。

这一切都是因为，周诺擅长沟通技巧，她懂得通过自我调侃来活跃谈话气氛。有时候，她也会故意装傻卖萌，博得在场的朋友们都捧腹大笑。

事实上，即使在职场中，周诺也是整个团队的核心人物。一年前，她突然空降到现在的单位，直接成了中层管理者。

最初，公司里的人听到空降消息，不免开始恶意揣测对方的身份。大家获知周诺只是从基层打拼出来的草根人物时，各种流言层出不穷。结果，周诺刚一上任，一番自

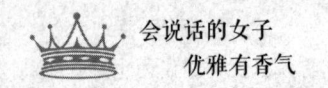

我介绍就让大家吃惊不小。

周诺个子不高，相貌中等偏下，与前几位领导相去甚远，更难与流言中的"妖媚"特征相匹配。大家都担心周诺难以服众，没想到自我介绍时她先对自己的外表"开涮"："我在这个行业工作了近十年，可以说没什么缺点，唯一遗憾的就是我长得有些含蓄。但大家对我的印象慢慢会发生改变，现在各位给我打2分，渐渐习惯后便会打6分，越来越顺眼后就会有10分了。"

以往，女领导的外貌是下属不能触碰的雷区，没想到周诺的一番话就让同事放下了戒备心——她大方承认缺陷，幽默地自嘲，反而让人觉得轻松。

相处久了，大家发现周诺虽然其貌不扬，但工作能力很强，对待下属也颇为友善。

某天，公司举办客户答谢会，周诺与一位女客户对坐。出于礼貌，她对那位女客户表达了自己的赞美："您长得真美。"

谁承想，女客户并未进行礼貌的回应，而是不怀好意地说："长相虽然是天生的，但现在看来，很可惜上帝并不曾厚待你。"

第三章
你那么优秀，说话也好听

周诺笑了笑，没有辩解自己的长相是不是真的因为上帝的原因，反而开始自嘲："没关系，上帝虽然没给我美貌，却给了我一项说谎能让大家开心的本领，比如刚刚我说的话。"

女客户听后，脸马上红了，吭哧半天什么话也说不出来。

偶尔，周诺也会在朋友圈自嘲："我不过是一个没人喜欢的容颜老去的女人。"

不少朋友留言："天哪，你一定是不知道自己的灵魂多有趣，若再给你不老的容颜，那才是世上最大的不公平。"

你看，在周诺这里，自嘲已经演化成一种绝佳的社交手段，可以让人因此放下戒心，从而交出自己的信任。毕竟，当一个人开始自嘲时，别人还有什么好说的呢？

我们看武侠小说会发现，当一个人中毒颇深时，常有医者推荐"以毒攻毒"的疗法。而生活中，自嘲便是其中的一种。适当的自嘲不仅不会拉低自己的身价，反而会彰显自己的底气，达到意想不到的正面沟通效果。

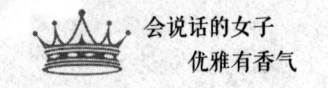

自嘲是一种魅力，懂得适当自嘲的人更好命。生活中，越来越多的负面标签简直要把人逼疯，很多人对此心生疑惑。

"我真的长得很丑？"

"我真的情商很低？"

"我真的能力不行？"

那么，到底要怎样才能走出这些负能量的困局，让自己不再被怀疑、不再受委屈呢？那就不如通过自嘲展现另一种形式的自信。

越来越多的人开始享受自嘲的乐趣，他们不再刻意对自己身上的缺点遮遮掩掩，而是大方展示。他们并非真正的无所谓，而是已经懂得那些缺陷只是自己身上极其微小的一部分，并不足以影响个人魅力。

这样的自嘲反而是一种底气的展现，通过这样的自嘲，人们能将正能量的生活态度传达给别人，让那些准备嘲讽自己的人无处下手。

要知道，当你开始对自己的缺点泰然处之时，你便获得了新的勇气和智慧。懂得自嘲的人敢于面对最真实的自己，他们乐观豁达，无形之中反而拥有了自信的底气。

4. 你那么优秀，说话也好听

人生际遇的好坏，从本质上讲，都跟你会不会说话有很大的关系。朱自清说得好："人生不外言动，除了动就只有言，所谓人情世故，一半是在说话里。"

电影《当幸福来敲门》中，克里斯好不容易争取到了一次面试机会，那是足以改变他一生命运的机会。

但是，命运似乎在跟克里斯开玩笑，面试的前一晚他被扣留在警察局。第二天，他只能穿着脏兮兮的衣服直奔面试公司。

毫无疑问，面试官被克里斯的样貌惊到了，没好气地问他："我为什么要录用一个连衬衫都没穿的人？"

面对这样的场面，正常人都会感到尴尬，但克里斯并

会说话的女子
优雅有香气

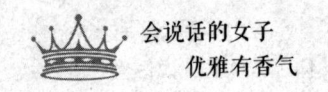

没有慌张，反而给出了一个幽默的回答："我猜他一定是穿了条好看的裤子。"

这一句话引得在场的人都笑了起来，最后，克里斯幸运地获得了这份工作。

生活中，我们会琢磨穿衣打扮想让外在变美，或想通过读书提升内在美，却没意识到说话也需要训练、需要提升。

作为"第二形象"的话语，我们常常在把它说出口之后就忽略了。生活中，你一定遇到过这种人，他们相貌端庄、能力出众，可一旦开口说话就会让他们整个人的气质大打折扣。

会说话的人，总是能把话说到对方心里去。

当了家庭主妇后，静静经常宅在家里。有一次参加朋友聚会时，她被闺蜜叶子训了一通："时代已经不一样了，不出来工作的女人迟早要被社会淘汰，像你这种女人，就属于早早放弃自己的人。"

静静解释说，现在孩子还小，等孩子上幼儿园了就出来工作。结果，闺蜜不依不饶地数落："我看你整天在家

第三章
你那么优秀，说话也好听

待着人都变傻了，靠男人养的女人迟早会被抛弃，男人瞧不起你，女人也瞧不起你。"

静静感觉闺蜜的话句句扎心，聚会还没结束就提前离开了。事后，她跟其他朋友吐槽："怎么有这样讨厌的人呢？说话不给别人留一点余地。我知道她的本意可能是为了我好，但说话的方式很让人生气。"

其实，叶子不仅对好朋友静静这样说话，对其他朋友也是这样。

有一次，叶子和同事出去逛街，同事看上了一件风衣，于是提出来试穿一下。结果，店员还没说什么呢，叶子却说："这件衣服上千元呢，对你来说有点贵吧。"

同事的脸一下子就红了，气氛变得很尴尬。

最后，还是店员主动拿了那款风衣让同事先试试，并笑着说："如果您觉得不合适，可以再看看其他款，衣服只有试过才知道合不合适。"

结果，当那同事把衣服穿上后，别人都在夸赞款式漂亮时，叶子又毫不留情地扔下一句："果然贵的衣服就是好，这一件就抵得上你那一柜子的地摊货了。"

同事气得简直要崩溃了，虽然当时强忍住怒火什么话

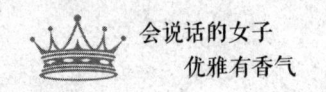

也没说，但事后再也不愿跟叶子一起逛街了。

如果你不想让别人讨厌你，就一定要学会在合适的时候对合适的人说合适的话——看破但不点破，就可以给别人留一点余地。发现对方说错话，或者说谎了，不要当面拆穿。比如，朋友背了一个山寨包来炫耀，你根本没必要当面戳破把现场气氛弄尴尬。

一个真正的智者能够看破一切，也会选择维护他人不愿言说的深意，"不说破"即是他的聪明和善良。

有一次，静静买了一款新口红，结果叶子立刻大声地嘲讽："你都没上班，竟然还用300元的YSL口红，真够物质的！"

静静觉得很震惊：难道用YSL牌子的口红就是物质女吗？

紧接着，叶子继续吐槽："你可真厉害，晚上熬夜做兼职居然就为了买口红，你简直虚荣到家了。"

静静感到万分难过，她突然意识到，原来自己在闺蜜的心中就是这个样子，估计那些在家带孩子的女人，就算有一天努力买了奢侈品犒劳自己，也会被人看不起、被人在背后说成是物质女。

第三章
你那么优秀，说话也好听

事实上，孩子还小，静静常常趁着孩子睡觉的时间在网上接单，帮别人写广告文案。她只是想自己挣点零花钱，有什么错呢？

但就在她靠这份兼职给自己买了人生的第一个LV包，并为之感到幸福的时候，叶子却在朋友圈吐槽："原来，有些人宁愿每天上网也不愿陪朋友，找借口说在家带孩子出不了门。呵呵，这份友情不要也罢。"

静静一气之下拉黑了这位闺蜜。

所以，请不要用你恶毒的语言随意点评别人，说话好听是社交技能，更是做人的修养。

有时候，我们需要懂得赞美别人，这样其实也是在赞美自己。

关关在公司里的人缘一直很好，有一次我去她家里做客，她老公张先生负责做菜。第一道菜刚上桌，她立刻表扬老公道："哇！真是色香味俱全，难怪别人都说男生做菜好吃！"

刚夸完老公，关关还主动娇羞地吻了他一下。这让张先生得到了极大的满足，哪怕干活再苦再累也没脾气。之

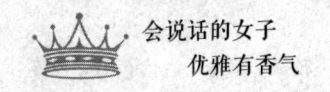

后，我再去关关家做客，也总是张先生下厨。

事后，朋友向关关请教怎样才能让老公心甘情愿地下厨的高招。关关神秘地一笑，说："当然是赞美他啦，无条件地赞美他的厨艺。"

关关说，其实刚认识自己老公的时候，她听得最多的话就是老公对他自己的评价："我很懒。""我没有定性，我的性格不坚定。""我什么也不懂。""我这个人太内向，不会跟别人交流。"

关关说，她当然见过老公认真做事的样子，而他那些自贬之语，其实纯粹就是给自己找的借口——因为懒，所以就能无限制地拖延；因为没有定性，所以任何事情都能轻易放弃；因为什么也不懂，所以可以什么事都不做。

关关说，她自己曾经也有这样的自贬倾向。之前，她经常告诉别人："我很笨。""我很胖。""我很懒。"事实是，每次自己说出那些自贬的话，她从来不是想听别人的附和，而是希望对方来反驳自己，然后给出正面的回答："你很聪明啊。""你不胖啊。""你不懒啊。"

没有人不喜欢被赞美，而世间最美的女人就是会赞美别人的人。不随意批评别人，不用贬低别人的方式抬高自

第三章
你那么优秀，说话也好听

己，这才是正确的社交方式。所以，无论在什么朋友面前，关关都会巧妙地夸赞对方。

阿雅和关关是感情非常好的朋友，但两人也曾经因为关关语言上的冒失而差点翻脸。

那时，关关刚毕业参加工作，说话、做事喜欢直来直去。有一次，她当面对阿雅说："你身上的味道好大，是不是有狐臭呀？"一句话让阿雅的脸色变得很难看。

一次，关关去阿雅家做客，吃饭的时候，关关对阿雅说："阿雅，你这道菜做得太咸了，你是不是把半包盐都放进去了呀？"

直到有一次，当关关再度口无遮拦后，阿雅突然很严肃地对她说："请你以后不要在众人面前这样开我的玩笑，我感觉很不舒服。"

那一刻，关关才意识到，说话好听是一件多么重要的事。

有时候，你的无心之言在别人眼中就是赤裸裸的伤害。

约翰·杜威说："人类本质里最深远的驱策力就是希望具有重要性，希望被赞美。"所以，懂得赞美别人是一

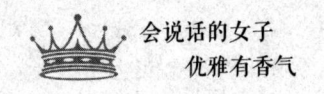

种了不起的才能，而且，你给予了别人赞美，也会收到同样的回应。

有人把说话好听和圆滑世故画上了等号，其实，一个人的修养在他开口说话时就暴露了。

事实上，说话好听的人，不是委屈自己去讨人喜欢，而是因为做自己做得很自在，令身边的人也放松了，从而讨人喜欢的。这样既能成全别人的颜面，也不会牺牲自己的底线。

其实，你大可不必绞尽脑汁为了夸人而夸人。真正的夸赞是从心而发，当一个人给你积极阳光的正面影响时，你会不由自主地想要夸他。在不吝啬对别人进行赞美的前提下，希望你用最恰当的词汇给对方最舒服的感觉。

与人交好，处世之道很重要，如果让别人看出来你是在左右逢源，那就聪明反被聪明误了，最后只会落得被人嫌弃的下场。

真正的说话好听，就是说话让人感到舒服。

第四章

把话说到别人心坎里，
才是最好的沟通

　　世界上最遥远的距离，就是心里想得很完美，但一开口却词不达意。有时候明明两三句话就能解决的事情，最后却败给了不会说话。

　　无法表达内心的想法，就无法与人和谐相处，而把话说到别人的心坎里去，就是世界上最好的沟通。

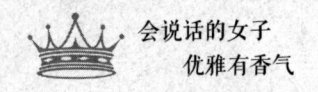

1. 传达感情，要会说话

我们在表达爱意的时候总是很吝啬，仿佛多说几句情话，人生就多了几条沟沟坎坎。但在表达负面情绪的时候，带给对方的伤害总是血淋淋的。

感情就像刚出厂的白纸，被言语伤害后就像被涂上了黑点，再也回不到本质了。所以，请你一定要控制好自己的情绪，管好自己的嘴。

曾经，寇乃馨在《我是演说家》舞台上的一段演说视频在网络上很火，她在那期节目里面分享了自己人生中的失败经验，最后得出一个真实而正确的结论：永远不要对你爱的人飙狠话。

原来，我们常常会把最温柔、最亲切的形象留给陌生

第四章
把话说到别人心坎里，才是最好的沟通

人，却把残酷的一面留给了最爱我们的人。

陈铭家的楼下有一家川味小馆，由一对80后夫妻共同经营，老板叫大北，老板娘叫小乔。有一次，小乔在收拾餐桌时不小心打碎了一只碗，手也被割破了，鲜血直流。大北一急，脱口而出："你怎么这么笨啊，能不能别整天毛手毛脚的。别再用手去抓碎片了，弄得到处是血，赶紧去后面用碘酒清洗一下伤口。"

"你别骂了，店里还有客人呢。你当着大家的面说我，我很没面子的。"小乔气鼓鼓地反驳道。

"我才不愿意说你呢，但你也要把事情做好呀，谁家的媳妇像你似的，收拾个碗筷都能把手割破。我骂你是为了让你长记性，免得下次再把另一只手也割破了。真是没出息！"大北尽管嘴上抱怨着，最后还是自个儿去吧台拿来了碘酒、创可贴，给小乔包扎好了伤口。

事实上，这样的抱怨之词经常在这家店里出现："这桌客人要结账了，你还不赶紧算一下，磨磨蹭蹭地什么也干不好！"

"那桌客人都走了，你还不赶紧去收拾一下，你是不是瞎呀？"

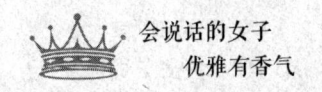

"哎呀，你怎么连客人点了什么菜都说不清？"

"昨天刚上的新菜谱，怎么又忘了给客人推荐，你这什么记性啊？"

刚开始，小乔还会好声好气地提醒大北好好说话，但不提还好，提了，她就会被大北回怼："我还不是为了你好，我还不是为咱这个店多赚点钱嘛！"

渐渐地，小乔变得越来越沉默，她丝毫感受不到大北所谓的关心了，而那些所谓的"关心"之语全部化成了刀子，刀刀扎在她的心上。她觉得大北已经在嫌弃自己了，两人的感情几乎要被生活的柴米油盐消磨殆尽。有时候被大北骂狠了，她真想甩手不干，离开这个家。

其实，包括陈铭在内的几位熟客，每次进店吃饭都能感受到大北和小乔两人之间的尴尬气氛。大概身处迷局的大北一直都没意识到，他的那些抱怨和骂声已经算得上是语言暴力了。

后来，因为工作上的原因，陈铭去外地学习了三个多月。等他再回来的时候，川味小馆的经营者只剩下小乔一个人了。聊过之后才知道，半个月前小乔和大北协议离婚了。

第四章
把话说到别人心坎里，才是最好的沟通

小乔说，三十几岁的自己兜兜转转没取得什么成就不说，最后还经历了一段失败的感情。大北是她唯一爱过的男人，甚至现在还爱着他，只是那段感情太复杂，后来的自己越来越惶恐不安，每说一句话、每做一件事都要小心翼翼，生怕哪里说得不对、做得不对，惹大北不开心。

她甚至变得越来越敏感多疑，她会忍不住揣测大北说过的每一句话，翻来覆去地把那些话揉碎了，再说一遍给自己听。她会忍不住怀疑大北说的那些话是不是故意在针对自己，是不是对自己某些行为不满意，希望自己做出一些改变……到最后，她觉得每天大声念叨、呵斥自己的大北很陌生。

更令她感到焦虑的是，每次她说服自己要跟大北好好地聊一聊这件事时，大北都说自己没问题，因为开饭馆很忙很累，自己的大嗓门不自觉就形成了。

大北一次次保证，说自己会改，但下次还是会犯。而每次两人为了这种事起争执的时候，大北总是会甩出一句："我还不是为了你好，你要觉得我说的有问题，我也没办法！"

两人之间的沟通，就这样陷入了恶性循环。

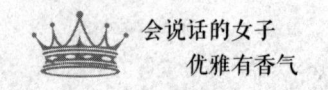

小乔厌倦了这种每天争吵的日子,厌倦了只会对她恶语相向的大北,更厌倦了每天都疑神疑鬼的自己,她害怕这将成为未来几十年里自己的生活常态。如果一段感情到最后只剩下对彼此的伤害,她连想都不敢想。于是,当一切到了忍无可忍的地步后,结束这段感情或许是对彼此来说能减少伤害的最好方式吧。

　　语言是有温度的,当我们用嘲笑、歧视、侮辱等来包装语言,那么,即使里面包含了多么炙热的情感,最后给别人的心理上留下的也只是伤害。

　　在一段感情里,喜欢使用暴力语言的人,总会在不经意间让伴侣怀疑他对待感情的态度。很多时候,他也许只是为了完成表达自我想法的目的,却因此忽略了对方的感受,最终自以为是七月骄阳般的热情,结果传递给对方的却是腊月般的寒冷。这种自以为是的行为,让他总是喜欢强人所难,有时候甚至会影响到对方的社交效果。

　　默默地陪伴会温暖人心,而温暖的语言更是攻破心防的利器——要想传达感情,就要会说话。

　　闹闹和丈夫程海是大学同学,两个人谈了三年恋爱,

第四章
把话说到别人心坎里，才是最好的沟通

一毕业就结婚了。但婚后生活并没有闹闹想象的那么美好，主要是她觉得丈夫不如以前那么爱她了。

有一次，程海加班到深夜才回家。闹闹好心好意做了一碗鸡蛋面给他当夜宵，他却说："太累了，我要洗澡睡觉。"

不被领情的闹闹有点生气，觉得自己辛苦的付出白费了，于是不依不饶地说："你真的是在单位加班吗？不会是跟哪个狐狸精在外面吃香的喝辣的去了吧？不然我端着碗热面，你连眼睛都不瞄一下。"

平常，闹闹偶尔也会故意说一些冷嘲热讽的话来刺激程海，希望他来哄哄自己。她以为这是两个人之间沟通的情趣，而程海也从来不在意。但这一次，程海却说："今天我真的很累，不想跟你争辩这些莫名其妙的话，也没心思去哄你。"

闹闹没想到程海会这样对待自己，忍不住发脾气跟他吵了一架。

最后，闹闹像以往一样故意提出离婚，她本想以此让程海服个软，跟自己说几句甜言蜜语就此结束这场争执。没想到程海毫不犹豫地答应了，甚至还说："如果你真的

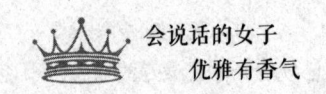

要离婚,明天我会请假去办理。"

程海的爽快吓到了闹闹,她不敢相信平时总是迁就自己的丈夫,这一次竟然表现出如此强硬的态度。

闹闹忍不住怀疑程海:难道他真的出轨了?于是,她大吵大闹后,又偷偷地查看程海的手机、在程海的办公楼外面等他下班后搞跟踪。她整个人仿佛化身福尔摩斯一样,势必要将那个隐藏的情敌揪出来——但她从没想过,两人的婚姻问题也许只是出在沟通方式上。

她总是这样跟程海说:"脱下来的衣服总是乱丢,你是想累死我吗?"

"这件衣服真心不好看,你竟然会觉得适合我穿。"

"你真是笨,这么点小事都办不好。"

"你做的红烧鱼糖色不够浓,而且不加蒜真是败笔。"

问题得不到解决,全是因为表达方式不对。感情更是如此,当一方习惯了用冷嘲热讽的话与对方沟通,另一方不断隐忍、压抑时,终有一天积累的矛盾会爆发。到时候,大家争吵一番,甚至大打出手,然后各奔东西。

就像大北和小乔,闹闹和程海,他们之间也曾有机会拥有细水长流的爱情,能够彼此相濡以沫一生。实际情况是,大北和闹闹偏偏总是在无意中打着"爱的名义"在言行上对爱人流露出指责之意,他们自以为披着一层"爱"的外衣,就能理所当然地用暴力言行表达对爱人的关心,实际上却给对方造成了伤害。

所以,任何一段情感,语言对它的伤害都是隐藏的,表面上很难察觉,实际上痛入心扉又很难痊愈。

人们说话是为了表达心中的所思所想,传达心中的感情。其实,说话是最容易的事,但同时也是最难的事,因为即使是最优秀的雄辩家也会有说错话的时候。

《飘》里面有一句话这样描述情感:"爱人的人是容易被伤害的,因为他是向对方完全敞开的。"所以,请好好跟你爱的人说话,别把最温情的语言刻意包装成最锋利的刀子刺向他们的软肋。

跟陌生人更要好好说话,别试图用语言刺激对方来满足自己的口舌之快。因为,你永远不知道自己的哪句话可能会给对方造成伤害。

传达感情,一定要会说话。

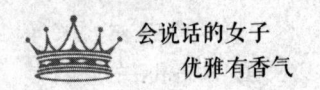

2. 把话说到别人心坎里，才是最好的沟通

生活中，无论做什么事都少不了与人沟通。若是沟通顺畅，双方尽欢；若是沟通不顺畅，双方难免会产生争执，甚至自此老死不相往来。

那么，什么是最好的沟通呢？把话说到对方的心坎里去，就是最好的沟通。

《邹忌讽齐王纳谏》一文中，邹忌以自己与徐公比美，妻妾、客人都夸他比徐公美为例，用了类比推理的方法："今齐地方千里，百二十城，宫妇左右莫不私王，朝廷之臣莫不畏王，四境之内莫不有求于王：由此观之，王之蔽甚矣！"

邹忌以事设喻，夸赞齐王处于最有权势的地位，再引

第四章
把话说到别人心坎里，才是最好的沟通

导他看到自己受蒙蔽的严重性，从而使他懂得纳谏的重要性。一番推己及人的肺腑之言，让齐王欣然接受劝谏，广开言路。

但在生活中，很少有人能像邹忌一样把话说到对方的心坎里去。言语没有刀刺，却最能刺中人心，多少人在沟通中因为一句无心之言让对方心生不快。

我们从出生到学会说话就用了一两年的时间，却需要很多年才能学会如何把话说到别人的心坎里去。

如果你问林夜，在认识的人里面谁说话最让人舒服，她一定会说是晓峰。

晓峰学电子商务专业出身，毕业后经营着两家淘宝店，分别售卖数码配件和化妆品。

年前最后一个月的时候，两个店铺的销售特别好，晓峰感觉人手有些不够，就叫好朋友林夜来兼职做一段时间的淘宝客服。刚开始的时候，一切都挺好，但到了第四天的时候，店铺收到一个差评，而且理由莫名其妙。

那位顾客说："买亏了，这个手机壳都不护前屏，完全不符合自己的期望。"

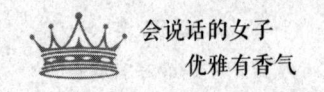

林夜立刻去查看订单，发现这款手机壳本来就是不护前屏的，于是联系顾客，说明这不是店铺的原因——描述里清楚地说明了"不护前屏"，并希望对方能改一下评论。然而，对方说改差评可以，但要求退款。对此，林夜略微有些不快，觉得这不是店铺的问题，不同意退款。

晓峰看到后，说他来处理。晓峰先是表示自己同意退款，接着给顾客发消息："亲，我们知道您在意的不是钱，而是我们的产品没能达到您的期望，给您带来了不好的体验。实在抱歉，可能是我们的服务不够妥善，现在我打算给您补发一个能护前屏的手机壳，您看这样行吗？"

一席话既说明自己理解对方给差评的原因，又诚恳地说明是自己服务不周给对方带来了不好的体验，接着是致歉，还说愿意给予补偿。这样的措辞让顾客感到特别舒心，立刻说不用补发了，是自己没有看清就下了单。接着，他立刻改了差评。

最后，晓峰不仅给顾客退了款，还补发了一个手机壳。他说："这是我们对顾客的一种服务态度，只有对方收下了，我们才会安心。"

顾客听后，表示以后有需要还会再次来关顾，可谓是

第四章
把话说到别人心坎里，才是最好的沟通

皆大欢喜。

还有一次，一位顾客拍错了手机壳型号，收到货以后就给了差评，说手机壳质量差，与描述不符，摄像孔对不上，并要求退货。这让林夜真真切切地感受到了什么叫"气愤"。

结果，经过一番沟通后，顾客才发现是自己下错了单。但晓峰依然没有责怪对方的无理取闹，而是致歉道："亲，不好意思，可能是我们店铺的标题描述让您误会了。您看这样行吗？我们给您补发一个，您把评论改一下。"

兼职结束以后，林夜对晓峰说："你真的是脾气好，也真的善于沟通。我要是你，我怕是天天被气炸，甚至会跟顾客起争执。"

晓峰微微一笑，说："我不是脾气好，只是知道顾客并不是无理取闹，毕竟期望越大失望就越大，他们给差评是因为我们的服务有缺陷。至于善于沟通，我不过是知道顾客在意的是什么，把话说到他们心坎里去了。再说了，能和和气气沟通好的问题，为什么要起争执，窝一肚子火呢？"

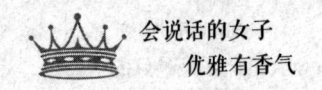

晓峰的话，让林夜不禁想起了大学室友雨珊。

大学毕业后，林夜再也没有跟雨珊联系过。这不是因为大家各奔东西距离太远，而是因为她们俩遇到一起就像火星撞地球，无法沟通，每次都会窝一肚子的火。

当初在学校里做专业课作业时，林夜和雨珊在一组，课题是研究如何经营好一家餐厅。但是，两人在推广方式上产生了分歧。林夜觉得现在互联网发达，可以套用"互联网＋餐厅"的模式将网络推广和传统推广方式结合，达到线上线下的互动。雨珊却觉得网络推广不好开展，比如：餐厅如何搭建网络平台去推广？

林夜提倡做一个餐厅的APP应用，让顾客在这个社区里与餐厅人员进行沟通，还能跟其他消费者进行互动。同时，在社区里推出各种活动，比如每周的主打菜品由顾客投票选出。但雨珊还是质疑林夜，认为让顾客下载APP不现实，也没有那么多资金用在每周去换新菜品上。

林夜还是耐心地讲解着："开业初期可以搞活动，比如下载APP有优惠，且不定期在APP上发放优惠券。至于新菜品，我们可以找专业的餐饮公司合作。我想，这会是一件双赢的事情。"

第四章
把话说到别人心坎里，才是最好的沟通

"我们经营的是餐厅，口味最重要，为什么要用互联网呢？你不觉得这样把事情变复杂了吗？餐厅这种传统行业要采用地推的方式，这样比较有效果。有那么多钱开发软件，还不如地推的时候送礼物。"雨珊依旧不认同。

"不是我非要用互联网，我只是觉得线上线下相结合，覆盖的人群更广一些，影响力会更大。那你干吗非要用传统的方式呢，就不会变通一下吗？你又不是上个年代的人，还这么不能接受新事物。"林夜无奈地解释道。

"如果你非要这样做，那你自己写方案吧，反正我是不管了。"雨珊把笔记本一扔就走了。

林夜一脸的茫然，这一次的沟通可谓是不欢而散。

雨珊不了解林夜为什么要用线上推广，林夜不明白雨珊为什么不能接受线上推广。两个人都没有明白对方想要表达的诉求，没能站到对方的角度思考问题，自然无法把话说到对方的心坎里去，达成共识，最后导致课题的完成情况不容乐观。

其实，这样的情况经常在她俩身上出现。

那一年林夜没考过英语四级，然而屋漏偏逢连夜雨，计算机二级她也没考过，于是心情低落地趴在桌子上发

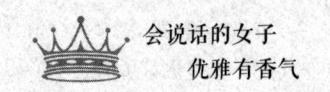

呆。雨珊了解后,安慰道:"没事,不就考试没过吗?明年再来,你还能考三四次呢。"

林夜的内心几乎是崩溃的,心想:这安慰怎么听起来那么别扭呢?这是想说明年我还是过不了吗?

还有一次,林夜暗恋的一个男生有了女朋友,她在宿舍里感慨:"扎心了,我男神找了一个其貌不扬的女朋友,心痛。"

雨珊立刻回复:"难道长得不好看的女生,就不能跟男神在一起吗?"

"可以啊,毕竟萝卜青菜各有所爱。"林夜说。

"可你刚刚不是这个意思。"雨珊说。

两人各自解释,谁也不能说服谁。还是另一个室友站出来说:"林夜的意思是,如果她的男神找了一个比她好看的或者是足够优秀的女朋友,她会觉得很相配,但是人家找了一个普通的女生,她就觉得如果我再勇敢一些会不会那个人就是我了?她难过的是自己的胆怯,因为这世界最让人扎心的不是失败,而是你本可以的。

"雨珊的意思是,每个人都拥有被爱的权利,就算是其貌不扬的普通人也能够跟男神比肩而行。"

第四章
把话说到别人心坎里，才是最好的沟通

这位室友的一番话，可是真的说到林夜和雨珊的心坎里去了，让原本剑拔弩张的气氛得到了缓解。林夜和雨珊也各自理解了对方的意思，完成了有史以来第一场顺畅的沟通。

沟通时，想他人之所想，会让两人的关系如春风拂面，心生欢喜。

为什么有些人能够在沟通中一针见血地指出对方言语中的重点，继而一语中的，让人心服口服如遇知音，而有些人的沟通却是鸡同鸭讲呢？

因为后者不懂得换位思考，只想让对方接受自己的观点，却不去揣摩对方的想法。

如果雨珊能够站在林夜的角度，想象那个考试失利的人是自己，想象自己暗恋很久的男生找了一个看起来样样不如自己的女朋友，她也许就能懂得林夜的心酸与苦闷，就能说出真正让林夜觉得舒心的话。

其实，把话说到别人的心坎里去，并不需要我们多会察言观色，只要我们能够换位思考，体会别人的情绪，设想自己希望得到别人怎样的回复就好了。

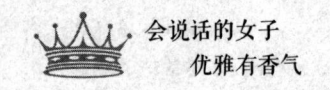

人，生而不会真的完美。可能以前我们在沟通中出现过言不达意的情况，但愿今后我们都能学会与他人共情，说的话能直达对方的心坎里去，这样既温暖了他人，也得到了他人的真心相待。

把话说到对方的心坎里去，这是最好的沟通。

3. 会倾听，情感才能升温

如果有一个仅仅只是在火车上认识十几分钟的人邀请你一起去旅行，你会同意吗？

我想，大多数人都不会。但电影《爱在黎明破晓前》中的女主角赛琳娜就同意了。

在火车上，杰西跟赛琳娜讲儿时曾看到曾祖母的灵魂，赛琳娜也跟杰西讲了自己的经历。杰西的每一个看似

第四章
把话说到别人心坎里，才是最好的沟通

无厘头的故事，赛琳娜都认真倾听，并接受了他的邀请，在维也纳跟他一起下了车。

聊天的时候，我们总是在意自己该说什么，而忽略去倾听对方的声音，甚至粗暴地打断对方，以致对方失去了聊天的兴致，黯然收场。但赛琳娜和杰西都没有急着表达自我，而是认真倾听了对方的故事。

一次失败的聊天，不仅会让人失去倾诉的欲望，还会让人产生失望的情绪，影响两人之间的感情。被称为"世界上最伟大的汽车推销员"的乔·吉拉德说："世界上有两种力量非常伟大，其一是倾听，其二是微笑。倾听，你倾听对方越久，对方就越愿意接近你。"

学会倾听，在聊天时才能拉近彼此间的距离，从而让情感升温。

每个班级都会有一两个让人头疼的学生——成绩差、性格孤僻、爱打闹，没人能走近他，他也不想融入集体生活。

许染的学生艾玖就是这样的人，每天早上她踩着点到教室，默默地坐到位置上——除了主动交作业以及上厕所

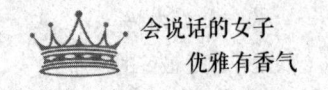

和放学,她绝不离开座位一步。

课间休息,其他同学三五成群地聊天或者相约外出活动,只有艾玖一个人,既不跟女生一起去操场跳绳,也不跟前后桌的同学聊天。一个人、一张书桌,要么在白纸上画画,要么趴着睡觉,安静到没有任何存在感。

然而,就是这样一个安静的人,竟然跟同学发生冲突,最后动手打了人。

许染把艾玖叫到办公室,问她为什么动手打人。她低头看着棕色的地板,不屑地说:"反正你已经认定是我的错了,原因什么的你会在意吗?"

"艾玖,老师相信你不会平白无故地打人,只是想弄清事情的真相。老师不会包庇一个犯了错误的人,也不会错怪一个没有犯错误的人。"许染微笑地看着艾玖,希望她能说出原因。

这一次的长谈,许染把话语权交给了艾玖,她自己做了一个认真的倾听者,最终重新认识了艾玖。

原来,在艾玖读初一的时候父母离婚了,她跟着妈妈一起生活。妈妈为了两人的生活日夜操劳,母女之间只有吃晚饭的时候才有机会说说话。

第四章

把话说到别人心坎里，才是最好的沟通

艾玖一直想跟妈妈说说自己的事情，可每次未开口，妈妈就开始不停地唠叨，让她要好好读书、吃完饭就去做作业、不要一天天地就想着玩、现在没有爸爸的监督要懂事，等等。

一开始，艾玖还会附和妈妈几句，后来听得多了，她渐渐地默不作声，任由妈妈喋喋不休地诉说，自己吃完饭就回了房间。

那时的艾玖只是在家里沉默，在学校里还是活跃的，会跟同学们聊天、一起活动。直到有一次，艾玖的数学没考及格，一个同学调侃她："艾玖，听说你爸妈离婚了，是不是因为你的成绩太差，所以你爸才不要你了？"

那是艾玖第一次打架，也是她变得沉默寡言的诱因。

当时，班主任没有问艾玖动手的原因就劈头盖脸地指责她，在她想要解释的时候，班主任再次打断了她，表示无论因为什么原因都不能打人，要跟同学赔礼道歉，并打电话叫来了她的妈妈。

匆忙赶来的妈妈也没有问艾玖为什么动手，只是一味地跟班主任说着抱歉。当艾玖刚说了一句"我觉得不是我的错"时，妈妈给了她一巴掌。

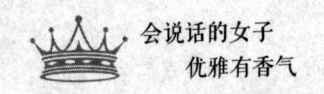

回到家以后,妈妈一边流泪,一边数落艾玖:"你说你的考试成绩那么差,还好意思打人?我也不想你以后多有出息,我就希望你能不惹是生非,让我清净一点。早知道你这样不省心,还不如让你跟着你爸。"

尽管妈妈说的是气话,但也伤了艾玖的心,每一句话都如同刀子一样割着她的心——妈妈没有给她开口的机会就不明缘由地责怪她,甚至说不想要她了,这真的让她很难过。

自此,母女二人的关系降到了冰点,即使在饭桌上她们也相顾无言,仿佛只是两个陌生人在一起搭饭。慢慢地,艾玖成了孤僻、不合群、成绩不好的学生,固执地封闭了自己。

如果当初班主任能给艾玖一次解释的机会,事情是不是就会往好的方向发展呢?如果当初妈妈能认真倾听艾玖的声音,只有两个人的家庭是不是就会多些欢声笑语呢?

许染回不到过去,但能给现在的艾玖一次倾诉的机会,让她重新恢复对别人的信任。这一次打架也是因为同学的好奇,未经过艾玖的允许将她夹在课本里的绘画拿出来看,在她索回时,对方不小心把画给撕了。

第四章
把话说到别人心坎里，才是最好的沟通

那幅画画的是艾玖一家在向日葵的花海里，一家三口围坐在一起野餐。

了解事情的原委后，许染把当时打架的两个人都叫到了办公室。艾玖向同学道了歉，说自己不该冲动地动手；同学也向艾玖道歉，说不该未经允许就拿她的画，还给弄坏了。

此后，许染加强了跟艾玖的沟通，听她说自己在学习上的困惑、说自己的兴趣爱好、说自己对未来的迷茫。而许染总是会认真地倾听，等艾玖说完以后再给出自己的建议。渐渐地，师生关系变得融洽起来，艾玖也打开了心结，融入了集体中，跟同学们打成一片。

许染也跟艾玖的妈妈进行了沟通，让她多倾听孩子的声音，而不是一味地说教。

在饭桌上，艾玖跟妈妈进行了一次平等而真诚的交流，明白了这些年妈妈藏在心里的委屈；妈妈也耐心地倾听艾玖讲述了这些年的想法，和当初为何打架的原因。

这一次，她们都没有急着表达自己，而是学会了倾听对方。从此，她们打破了横隔在母女之间的沟通障碍，家里也充满了爱的气息。

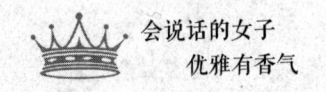

三个人的友谊，总会有一个人落单，子羽就是被落下的那个。

子羽、筱岚还有苏晴是同期进入公司的新人，她们三人年龄相仿、兴趣相同，便迅速成了无话不谈的好朋友。但最近子羽发现，筱岚和苏晴的关系越来越好，她逐渐被挤出了朋友圈。

以前，每逢周末，三个人总是一起出去看电影或者逛街。最近，子羽约她俩出去逛街，两个人都推托说有事去不了，但是她们却在商场相逢，场面很尴尬。

之前，三个人会聚在一起聊聊家常，聊哪个牌子的面膜好用、最近哪些电视剧好看。现在，另外两个照样谈得不亦乐乎，而子羽一过去，她们就转移话题甚至闭口不言。

这样的次数多了，子羽也识趣地不再强融两个人的圈子，开始一个人上班、吃饭、看电影。但突如其来的变化还是让子羽很郁闷，她去找同学许莉吐槽，说两人不讲情义，莫名其妙地冷落了她。

世界上没有无缘无故的恶意，也没有突如其来的冷落。其实，这一切都是积压已久的矛盾最后爆发了。

第四章
把话说到别人心坎里,才是最好的沟通

许莉了解子羽,她的性格说得好听点是开放、不拘小节,说得难听点就是情商低、不懂收敛。每次与人交流,她从来都不顾及别人的想法和感受,只顾自己说得痛快。比如:

大家在一起聊林徽因的爱情,你说林徽因长得好看、有才气,引起了三个优秀男士的爱慕。但你的话还没说完呢,子羽就会打断你,噼里啪啦地说你肤浅,只关注林徽因的爱情,而不去注重她的成就。

你跟子羽说自己工作失意,渴望她安慰一下。她却只是漫不经心地一听,眼睛不离手机,还说你玻璃心,经受不住生活的考验。

子羽从来只在意自己的表达,而不照顾对方的情绪,不懂得何为倾听之道。之前,在三个人聊天的时候,子羽如果能多倾听筱岚和苏晴的声音,比如在决定看哪部电影的时候,能征求一下对方的意见;在生活中能少打断对方的讲话,别一味只顾表达自己,她也不至于被挤出朋友圈。

一个人只是一味地表达自己,自己固然畅快了,却忽略了对方的感受。善于倾听他人讲话,是一种对对方的尊重,能让对方知道你是重视他的。对方也只有感到被重视

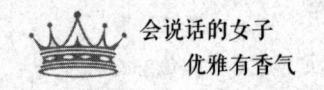

了,他才会觉得感情是真挚的,进而可以拉近彼此间的距离。

上帝给了我们两只耳朵、一张嘴,就是为了让我们多倾听、少说话。一个人只有会倾听,才能让自己与别人的感情升温。当你把话语权交给对方的时候,才能了解他的诉求,才能真正走进他的内心与他同频共振。

当许染开始倾听艾玖内心的声音时,才懂得她沉默的背后是对生活的失望;当子羽拒绝倾听筱岚和苏晴内心的声音时,她也就失去了打开朋友心门的钥匙,只能被人家拒之门外。

因为懂得倾听,艾玖与妈妈打破了沟通障碍,各自理解了对方;因为不懂倾听,子羽错过了了解筱岚和苏晴的机会,以致失去了朋友。

也许我们无法改变别人的想法,但倾听能让我们更加理解他们的想法;也许我们无法认同别人的想法,但倾听能让我们懂得尊重他们的想法。

倾听像水,缓缓地流淌进对方或因委屈、或因失意而干涸的内心。

倾听像风，柔柔地吹过对方的脸颊，抚慰对方或因迷茫、或因彷徨而产生的负面情绪。

倾听像纽带，连接两个有温度的灵魂，用一颗心去温暖另一颗心，用一份真情去陪伴另一个人。

会倾听，感情才能升温。

4. 好好说话，是最动听的感情用语

一个人的说话方式，体现了他的学识、内涵和教养。懂得如何好好说话，不仅是情感的正确表达方式，也会让大家感到愉悦。从某种程度上来说，好好说话是高情商的体现，也是"我爱你"的最佳表达方式。

看电视剧《我的前半生》时，有多少人是被那个毒舌又唠叨的薛珍珠圈粉的。她一个人带大两个女儿，个中艰

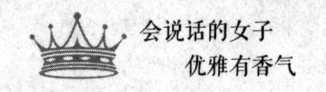

辛不言而喻。大约是年轻时的艰难，让她懂得生活中丝毫不能让步，于是，在前半部分的剧情中，观众看到她似乎总是在吵架——因为小女儿的婚姻不美满，于是她跟二女婿不断地争吵；怕大女儿会失去众人眼中的完美婚姻，于是她时常会"危言耸听"。

那时候，有多少观众都在吐槽、调侃：同一个世界，同一个母亲。

的确，生活中，我们都习惯在面对陌生人时展现出自己最好的一面，但是父母似乎总是恰恰相反——他们会在我们得意时"毒舌"一番，给我们浇上一盆冷水；他们也会在我们难过时抱怨，埋怨我们为什么不能够未雨绸缪。

父母对我们的爱，我们心知肚明，就像作为旁观者，我们总能清晰地看到薛珍珠的"刀子嘴豆腐心"——她在前一秒还抱怨二女婿无能，在下一秒就会给小女儿留出住院费。

大概正是这份"不懂表达"的爱，让万千观众产生了共鸣，于是我们爱上了薛珍珠这个表面时髦、世俗、嫌贫爱富、毒舌却又内心柔软的女人。

生活中大多数人也是如此，一面毒舌，一面后悔。我

第四章
把话说到别人心坎里，才是最好的沟通

们都懂得好好说话的必要性，会对陌生人展示出自己全部的善意，却在对待最亲近的人时，忘记了"我爱你"的正确表达方式。

快要放年假了，张妍约同事一起吃饭。饭局快结束的时候，张妍突然发问："大家有没有觉得，家人反而是最不好沟通的人？"

原来，前段时间公司发了年终奖，张妍想着父母一年里总是帮自己照顾孩子，导致没有了自由时间，自己也从未送过他们什么贵重的礼物，于是她特意给父母报了一个老年旅行团当作新年礼物。

当她把这件事告诉父母的时候，母亲问起旅行团的价格。她知道母亲素来节俭惯了，便支支吾吾地不愿说。结果，母亲亲自去了旅行社，根据旅游路线查到了价格，于是专程打电话把她骂了一顿："从小到大，你花钱都大手大脚。报这个旅行团，不能吃不能喝的，纯粹是浪费钱，我看再这样下去，你一辈子都存不下来多少钱！"

张妍拗不过，顶了几句嘴，结果母女俩就在电话里吵了起来。她觉得分外委屈：明明自己是好意的，怎么到了

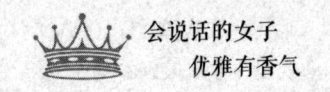

母亲的口中就变成了花钱大手大脚、不知节俭了呢？

但父母和孩子之间哪有什么深仇大恨呢。周末的时候，张妍像以往一样从超市买了各种生活用品回家，从用的豆浆机到父母吃的保养品，一应俱全。结果，母亲接过东西后，又是不停地抱怨她乱花钱。

吃了午饭，母亲让张妍帮忙调一下她的手机铃声。设置好之后，张妍无意中翻看了一下母亲的朋友圈，结果看到母亲在饭前发的一条新动态，配图正是她刚刚买回来的豆浆机，配文是："前天刚跟女儿说家里的豆浆机不好清洗，今天她就买了新的回来。"

亲朋好友纷纷评论表示羡慕，更有人认出了牌子，在下面评论到："这可不便宜。"母亲特意回复："有心意就好，无论贵贱。"

张妍心想，自己的朋友圈怎么没有看到这些，她在设置里一翻，果然在母亲的朋友圈屏蔽名单里找到了自己的名字。继续翻看母亲的朋友圈，她发现了前段时间引起母亲专门打电话埋怨自己的那个关于旅行的信息。

母亲发了一张当初报旅行团要去的国家的照片，配文是："女儿给我和她爸报了个国外旅行团，终于有机会开开洋荤啦。"

有人在评论里说:"你女儿好贴心,那个国家的景色很美,水果也很好吃。"

母亲回复:"主要是孩子的一片心意。"

张妍一时间哭笑不得,这时候她才了解到,原来并不是母亲无法领会她的孝心,只是领会之后却不知道如何用正确的方式去表达出来罢了。

人际交往中,像张妍母亲一样的情况屡见不鲜。尤其是在家庭中,我们大概已经习惯面对最亲近的人释放自己的本真情绪,于是,我们不会去控制自己的情绪,永远擅长用责备的语气说话,不懂得沟通、不懂得道歉、更不懂得道谢。

所以,每个人都觉得自己是对的,固执已见,却把家庭环境搅得一团糟。

有许多人,从来都是只顾着迫切地表达自己的意见,而罔顾别人听到这句话后会有什么样的感受。

在晚高峰的地铁里,钱阳快被挤得喘不过气来。在她身边不远处,站着一对情侣,男生看起来并不太高兴,女

> 会说话的女子
> 优雅有香气

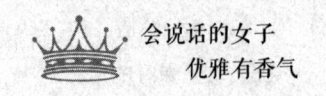

生倒是一直很有耐心，右手提着一个包包，左手抱着男生的手臂，小声地跟男生说着一天里发生的事情。

男生一句话也没说，很不耐烦地板着脸，连点头应答都没有一次。

这时，地铁到站，上来一名中学生从那个女生身边经过的时候，不小心撞到了她，她的包包掉在了地上，就落在男生的脚边。

地铁上人挤人，弯腰很不方便，加上女生穿的是短裙，更不好意思直接弯下腰去捡包包。

这时，一直沉默的男生说："你看，早就叫你拿好东西，你不听，现在包被挤掉了，你还不赶紧捡起来。真是丢人，以后再也不想跟你出来了！"

过了一会儿，他又大声说："你以后可以让我省点心吗？在外面能不能别叽叽喳喳的，烦死了。"

这个女生的眼眶已经很红了，如果不是在地铁里，她可能会放声大哭起来。

男生说完以后，也没去帮忙捡包，还是撞到女生的那名中学生捡起包递给了她。中学生可能觉得过意不去，让人家女生挨了骂，就红着脸站在两人身边不停地道歉。

第 四 章
把话说到别人心坎里，才是最好的沟通

其他乘客看不下去了，就劝那对小情侣："小伙子啊，恋爱不是你这样谈的呀。有什么事可以好好说话来交流，一点小事用不着吵架，你看人家小姑娘现在多难过，少说两句吧。"

刚好地铁又到站了，男生瞥了刚才说话的那位乘客一眼，说："我心情还不好呢，我们吵架关你什么事？这是我女朋友，我爱怎么吵就怎么吵。"他说完就甩开女生，自己一个人走出了地铁。

女生跟着出了地铁，拿纸巾擦着眼泪，男生也没搭理，直接走了。这就是不会好好说话的典型表现。

钱阳的公司里也有一对爱吵架的情侣。

公司前台的雪儿和男朋友经常为一点小事起争执。有一天，钱阳在公司楼下碰见他们两个人，大概是有了什么矛盾，雪儿一把甩开男朋友拉着她的手，说："你别碰我，走开！"

正是下班的时候，公司门口来来往往的同事有很多，那男生面子上可能也有点挂不住了，就说："别闹啦，有什么不开心的咱回家说。"

雪儿在公司里是出了名的暴脾气，听了这话，嚷嚷道：

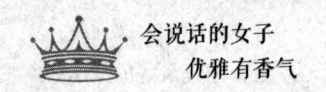

"谁跟你闹了啊!是谁闹了!你以前答应过我,不会嫌弃我胖的!"

看到雪儿发火了,钱阳以为一场大战在所难免,就在她准备过去劝一劝这对情侣时,没想到剧情反转得让人哭笑不得。

那男生突然一脸深情地说:"我从来没嫌弃过你胖,更恨不得你再胖一点,这样你就永远住在我心里出不来了。"他一边说着,一边去揉雪儿的头发,顺势把她拽进自己的怀里。

男生接着说:"别生气了,现在去吃你最爱的火锅,争取再胖一点。"两个人就这样搂搂抱抱地走了。

经过钱阳的身边时,雪儿还害羞地跟她打了个招呼。这一幕让钱阳看得目瞪口呆。

人与人之间的关系,是需要好好沟通的。其实,无论是生活中还是婚恋中,我们都要学会好好说话。所以,我们完全可以换一副口吻来说。

比如,把"你怎么这么不让人省心"改成"你人没事就好,还是我来吧,别伤着自己",把"听明白了吗?"

第四章
把话说到别人心坎里,才是最好的沟通

改成"我说明白了吗?",把"知道了"改成"好的,我知道了",把"随便"改成"可以的,谢谢你",把"我不会"改成"我们一起学好吗?"……

很多人说,爱一个人,就是要给他长长久久的陪伴,但很多人却不知道,爱一个人,就是要跟他好好说话。

语言是有温度的,决定语言的是说话者的心。有时候,伤人最深的不是锋利的武器,而是说出口的语言。

表达爱意,最直接的方式是什么呢?是语言。真正的爱不仅要说出来,更要好好说出来。你怎么爱他就怎么跟对方说,所以,好好说话是对爱人最大的温柔。

学会好好说话,使用温柔的沟通方式会让对方感到被尊重。余生,记得找个能陪你好好说话的人。

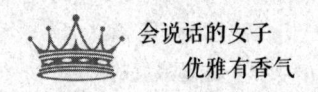

5. 来点"曲意理解",为对话增添些笑料

沟通时,我们通常会因为对一句话乃至仅仅只是一个词的误解而产生误会,甚至可能造成不可挽回的伤害。你没有错,话语本身也没有错,只是你严肃、刻板的沟通方式难免会让人产生不解,甚至不满。

其实,给严肃、刻板的谈话添点"曲意理解"的笑料,会让你的沟通变得更轻松愉快,也能瞬间拉近彼此间的距离。

《关于喜剧小品语言的幽默性研究》一书中指出:"曲解的修辞手法,很容易调动起观众的爱好心,吸引观众的注意力,让观众在诙谐生动、情趣盎然的氛围中得到美的享受。"

第四章
把话说到别人心坎里，才是最好的沟通

事实上，曲解同样也能像喜剧小品一样，给生活增添不少笑料——只要使用得当，会使你的对话给人温暖如春的体验，也会使你不再害怕被误解。

夏琳又跟老公漠北闹别扭了，闺蜜杉杉称之为"这是一场夜宵引发的战争"。

前天凌晨，夏琳刚追完电视剧，准备休息，肚子就不争气地响起了"咕噜噜"的抗议声。看着自己生完孩子之后已经走样的身材，她开始在吃与不吃夜宵之间徘徊。

夏琳向来信奉"睡着了就不饿了"的理论，于是，经过内心再三的纠结，她还是决定喝杯水就去睡觉。

躺在床上的夏琳翻来覆去的，结果吵醒了已经熟睡的漠北。听着夏琳肚子里传来的抗议声，漠北推了推她，关心地说道："饿了就去吃呗，别饿坏了肚子。"

原本意志就不坚定的夏琳，这时还在挣扎着，可怜兮兮地说："可是我在减肥耶，夜宵吃完就睡爱长胖。"

"说得好像你不吃夜宵就很瘦一样。"漠北说完，末了还不客气地扑哧一笑。

这一笑却激怒了夏琳，马上是一连串的抱怨："我现

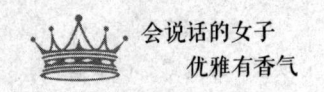

在这么胖是谁造成的啊?是为了谁啊?你现在倒好,知道取笑我了!"

"好好好,当我没说,我继续睡觉,管你吃不吃。"漠北说完,不论夏琳再怎么吵闹,就是假装已经睡着了。

听完夏琳的抱怨,杉杉非常中肯地评价:"你老公的求生欲还是一向那么薄弱。"

夏琳瞪着大笑不止的杉杉,尽力克制住"大义灭亲"的冲动。

这件事忽然像神迹般唤醒了漠北的"求生欲",他迫切需要找机会改变"夜宵事件"对他带来的负面影响。

起初,漠北并未意识到自己的问题——他怎么想也想不通,自己就说了这么简单的一句话,明明只是想幽默地调侃夏琳,却为什么会引来她的一通抱怨?一句话引火上身,烧得原本和谐的夫妻关系如此尴尬。

对这件事做了一次简单的复盘,漠北发现是自己的话语踩到了夏琳的痛点。明明知道她在产后最注重的就是自己不再曼妙的身材,也努力在恢复中,为此已经吃了不少苦头,自己还火上浇油,这不是活该撞枪口上了吗?

可偏偏一整天都在节食、靠吃水果饱腹的夏琳,每天

第四章
把话说到别人心坎里，才是最好的沟通

一到半夜就会饿得肚子咕噜叫。漠北逮着机会，想将功补过。

到了第二天晚上，到点睡觉的时候夏琳又饿了。

"老婆，我给你买夜宵去呀？"漠北谄媚地搂过夏琳，轻声说道。

"不吃！"夏琳没忘记昨晚的不开心，倔强地转身背对着漠北不理他。

"吃吧，吃饱了才有力气减肥啊！"漠北一心想让夏琳消气，觉得身材倒是次要的，现在哄夏琳开心才是最重要的。

"不吃，我要减肥！"夏琳特地强调了"减肥"两个字。

"嗯……"漠北沉默了起来。

夏琳以为漠北又会像昨晚一样说她，而她已经想好了——如果他再那样，她就决定一个月都不理他。没想到漠北并没有按套路出牌，说："那我们吃早饭吧？"

"早饭？"夏琳觉得漠北这话说得有点莫名其妙，现在也就半夜12点多的样子，吃哪门子早饭？

"早饭就要早点吃啊，现在这个点正好，吃完睡个回笼觉。"背对着漠北的夏琳已经有些绷不住了，就听漠北

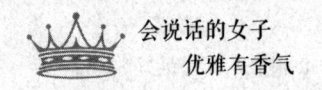

又补了一句:"听说回笼觉可以美容养颜噢。"

夏琳忍不住哈哈大笑起来,一边捏了捏漠北的脸,一边开心地说道:"老公,你什么时候变得这么可爱了。"

漠北知道,自己的这场"自救运动"算是胜利了。

同一个意思,经过说话者不同的表达之后,倾听者也会有不同的感受,有人感觉如沐春风,有人感觉冰冷刺骨。其实,我们只需要转换成幽默的表达方式,便可以轻松地化干戈为玉帛——要知道,轻松的环境氛围总是充满温情的,会让人身心愉悦。

提起轻松幽默的环境氛围,欧洋说,他们办公室的气氛经常轻松幽默过头,那里活脱脱是一个笑料生产地。

虽说他们老同事的关系特别融洽,但新来的同事却不适应。新来的同事叫小寒,戴着一副细框眼镜,斯文又含蓄,说不上话的时候还会脸红,与办公室里其他五大三粗的男同事形象完全不符。

同事难得见到小寒这么容易脸红的男生,都觉得新鲜,经常会调侃他。小寒接不住同事甩过来的话头就会脸红,被同事套路了还是会脸红。他因此心里经常堵得慌,

第四章

把话说到别人心坎里，才是最好的沟通

沮丧地说："谁让我嘴笨呢。"

欧洋的工位在小寒的隔壁，于是，她仗义地拍着胸脯表示："等你习惯了就好了，大姐会保护你！"

这一天，皮皮斜靠在小寒的椅子把手上，对他说："小寒，用英文念念1313113。"

小寒搞不懂皮皮葫芦里卖的是什么药，觉得只是念几个英文数字而已，便乖乖地照着念："one，three，one，three，one，one，three。"

不知何时，皮皮已经站在小寒的面前，开心地摸着他的头，说："爱卿平身。"

小寒这才意识到自己又上当了，皮皮这哪里是让自己念英文啊，分明就是占他的便宜，让他喊"万岁万岁万万岁"，这让他十分苦恼又生气。

这时，欧洋拜访完客户刚回来，一进门就见到小寒红着脸低着头，她不用猜也知道准是皮皮又欺负小寒了。

欧洋心生一计，笑着对皮皮说："皮皮同学，你今天穿得这么闪啊，就像天上的星星一样耀眼。"

皮皮一听欧洋赞美自己，看了看自己一身崭新的衣服，胸前的LOGO印衬着灯光确实有些闪。于是他对着欧

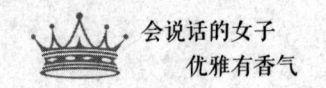

洋赞了一个大拇指，直夸欧洋有眼光。皮皮说，这件衣服可是当季新款，他预订了好久才买到的。

听着欧洋的话，小寒原本充满期盼的眼神忽而又黯淡下来，心想：大姐不是说会帮我吗，怎么还夸赞皮皮呢？

看着眼前两个同事截然不同的反应，欧洋知道他们都理解错了，看来这"曲意理解"可不像相声里说的那么好用啊，不点破"观众"似乎就不懂自己的意思。

欧洋笑着走到小寒身边，拿捏着分寸一把推开站在小寒面前的皮皮，又拍了拍小寒的肩膀，好似给他一股坚定的力量，笑着说："我是让你像星星一样，跟小寒保持一万光年的距离。"

皮皮早就习惯了欧洋的冷笑话，也经常想占她的便宜又占不到，嘴里念叨着下次再战便挥挥手离开了。

小寒这才反应过来，欧洋刚刚不止帮了自己，也顺便告诉他这就是办公室的相处模式。小寒想着，他大概还需要一段时间才能适应这活泼幽默、又"气人"的工作氛围。

曲意理解需要善加引导，不是每个人都能领悟到这个点的。而笑料更似一剂调味品，能增添幽默感、缓和氛围，但也要切忌"用料过猛"而导致适得其反。

第四章
把话说到别人心坎里，才是最好的沟通

说话的温度，印衬着环境的气氛。幽默的曲意理解会给你的对话增添一些愉快的笑料，在烘托环境气氛的同时，更能引爆人际关系的燃点，拉近彼此的距离。

《微博语录》一书里说："严肃的话幽默说，难听的话优雅说。懂说话、会说话，有时比艺术更有艺术。"

生活离不开沟通，让你的语言自带情感的温度，既能让自己取暖也能温暖对方。而你话语间的笑料，很可能为你打上瞩目的标签，让你成为圈子里"行走的喜剧演员"，走到任何地方都会成为焦点。

第 五 章

最高级的情商，
是懂得他人说不出口的话

    与其抱怨，不如去理解、去感受——感受那些融入生活的行动和爱意，这也是语言的另一种表达方式。你懂得他人说不出口的话，还能不动声色地去帮助对方，又不让对方心里有包袱，这是最高级情商的体现。

1. 最高级的情商，是懂得他人说不出口的话

我曾经看过一本与情商有关的书，里面有一句话是这么说的："高情商低智商的人，总有贵人相助；高智商低情商的人，总觉得生不逢时。"

马云说："高情商就是我知道我是第一，但我从不说我是第一。"

一个人最高级的情商，不是撒娇卖萌，而是懂得把握分寸。比如，在与别人聊天时，他不会咄咄逼人，因为懂得他人的难言之隐，懂得在适当的时候给对方台阶下，而不是趾高气扬地将对方逼到绝境。

最高级的情商，是你懂得他人说不出口的话却没有点出。

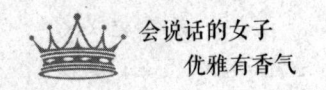

李渔，学霸级人物、研究生学历、智商高，也是某生物公司高薪挖来的科研人才，但她最大的缺点就是情商低。

李渔在一家科技研发公司上班，主要负责公司新产品的研发。在工作中，她比很多同事都厉害，而且业务能力强。上司很欣赏她的能力，遇到无法攻克的难题都会交给她去破解。

然而，李渔平时一门心思只扑在工作上，处理人际关系则是她的硬伤。比如，公司开会时，上司对某产品的实验研究数据提出疑问，当同事不知如何解答时，李渔经常站起来直接帮同事回答。

在李渔看来，她这是在帮助同事，可在同事的眼中，她这是不尊重别人，是一种显摆。

但李渔从来不会去想别人是否真的需要她的帮助，回答不出问题是否还有其他原因。时间长了，越来越多的同事都不愿意跟她一组，能避多远就避多远。最后，她只能一个人单干。

面对同事们的排挤，李渔找不到问题所在，后来她索性也不再多理会，开启了埋头苦干的疯狂工作模式。

第 五 章

最高级的情商，是懂得他人说不出口的话

一天晚上，上司加完班正准备回家时，看到研究室的灯还亮着，就跟助理走了过去，看到李渔一个人还在认真地做实验研究。

上司问身边的助理："李渔在公司的表现如何？"

"刘总，据其他同事反映，李渔的业务能力很强，但在处理人际关系上有点力不从心。"

助理继续说了一些李渔的事情，上司听后意味深长地叹了口气，交代道："明天让李渔来我办公室一趟。"

第二天，李渔一大早就去了上司的办公室。一阵嘘寒问暖后，上司直接进入主题："李渔，这段时间在公司的感觉如何？"

"嗯，还好，实验室的环境我十分喜欢。"

上司又问道："跟同事们相处得如何？"

李渔摇了摇头，说："没有什么好与不好的，就是感觉大家都不太愿意跟我在一起工作，他们好像有些讨厌我。"

"那你知道原因吗？"上司接着问。

李渔摇了摇头，说："不知道。"

"李渔呀李渔，你很聪明，业务能力又强，但你有一个最大的弱点就是情商低。要知道，没有人会无缘无故地

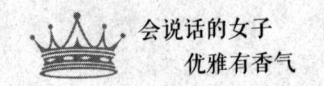

排斥别人，这肯定跟你自身有关系。"

李渔有所顿悟："他们排斥我，是因为我的业务能力比他们好，对吗？"

上司摇了摇头，让李渔回想一下曾经做过什么事让同事们反感过。

李渔思来想去，怎么也找不到原因，最后她一拍大腿，说："我知道了，是不是每次开会时他们回答不了的问题，我帮他们回答了，他们觉得我这是在显摆自己，并不认为我是在帮他们？"

上司点了点头，没有再多说什么。

一想到这里，李渔就委屈起来："明明是在帮他们，怎么到最后变成我跟他们抢功劳了呢？"

听到李渔这样说，上司笑着说："李渔，你知道一个人最高级的情商是什么样子的吗？"

李渔摇了摇头，上司笑着说："最高级的情商，是懂得他人说不出口的话。试想一下，如果你身边有一个人总是喜欢将你还未说出来的话争着帮你说完，那你的内心会是一种什么样的感受？每个人都有自己的难言之隐，都有自己不想回答或者还不知道怎么回答的问题，所以，你与

第 五 章
最高级的情商,是懂得他人说不出口的话

其抢着帮助他人说话,不如学会做一个鼓掌的人,站在一旁为他人鼓掌。"

李渔若有所思地点了点头。

夏初是一个心思细腻、善于交际的姑娘,在公司担任 HR 主管。她在公司的人缘一直都很好,与其说她很聪明,不如说她情商高。

从小到大,妈妈就告诉夏初:一个人的情商比智商更重要。情商高的人,也许成绩略逊一些,但懂得凡事给别人留后路。这样,在关键时刻总会有人愿意拉他一把。

直到现在,夏初一直记着妈妈的话。工作中处理事情,她从来不会给同事太大的压力,相反还帮助了很多同事。

有时候,同事明明有苦衷但不知如何开口时,夏初总会先了解情况,然后尽最大的努力去帮助。这样就不会逼着同事把不愿意说的话说出来,保留了对方的面子,不让对方反感。

时间久了,同事们都觉得夏初是一个聪慧的女子,她凡事懂得给他人留后路,从不会把他人逼到绝境。

年关将至,公司的年终奖再等一周左右就会发放,每

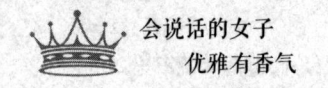

个人都充满了工作的激情与斗志。

但此时，同事奈奈因为父亲生病急需一笔动手术的费用，为此还急哭了。现在她又盯着总经理的办公室望了许久，眼神中充满了犹豫，被正好经过的夏初看见了。

这几天这种情况已经出现过好几次了，夏初猜想：奈奈一定是遇到了什么事情。经过了解得知，原来奈奈的父亲住院了，但她始终没有说出手术费不够的事情。

夏初了解奈奈，她虽然大大咧咧的，心地却很善良，她又好面子，宁愿强忍着苦也不愿多说，因为她担心如果同事都知道她家里的情况会笑话她。

思来想去，夏初借着跟上司交流工作的机会，私下里将奈奈的情况告知上司："李总，奈奈的父亲住院了，这几天我看她的神情很紧张，时常盯着你的办公室两眼发呆，我想她可能需要公司的帮助，你看能否将年终奖提前一周发放？"

上司听后，对夏初说："嗯，这件事你先跟财务部门去沟通一下，看他们的核算是否已经全部出来了，如果出来了，就交给我签字。"

夏初与财务部对接后，发现还存在一些小问题，待处

第五章
最高级的情商，是懂得他人说不出口的话

理好之后，财务部负责人将报表交给了上司签字。这样，全公司员工的年终奖提前一周发放。奈奈收到这笔年终奖后，当天就跟上司请了假，前往银行去给家里汇款。

这一切，夏初与上司都看在眼中。为了让奈奈能提前回家照顾住院动手术的父亲，公司还将奈奈评为优秀员工，给予了十天的假期奖励。

奈奈处理完家里的事情回来上班时，跑到夏初的办公室，向她深深地鞠躬道谢。看到奈奈的行为，夏初一脸懵圈地说："奈奈，你这是做什么呀？吓到我了！"

原来，奈奈照顾好父亲出院后，回来上班的当天，特意跑到上司的办公室道谢。但上司将事情的来龙去脉告诉了她，说之所以会提前发年终奖，以及她被评为优秀员工得来的十天假，都是因为夏初在背后不动声色的帮忙。

奈奈为此专门感谢夏初道："夏主管，谢谢你知道我的困难后用这样的方法帮助我，请接受我的感谢。"

夏初笑笑说："奈奈，能帮助到你我也很开心。要感谢，你就感谢自己的工作态度吧——要不是你平时工作那么努力，我也不能随便跟上司提议评你为优秀员工，这一切都是你应得的。"

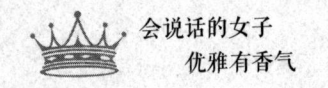

夏初的做法既保留了奈奈的尊严与面子，又不动声色地帮助了她。而且在帮助奈奈后，夏初也没有邀功，反将功劳算在奈奈自己的努力上，让她的心里没有了压力，这也算是赠人玫瑰手留余香吧。

最高级的情商体现，是你懂得他人说不出口的话，还能不动声色地去帮助对方，又不让对方心里有包袱。

有人说："智商高、情商也高的人，春风得意；智商不高、情商高的人，贵人相助；智商高、情商不高的人，怀才不遇；智商不高、情商也不高的人，一事无成。"

你千万要记住：生活中，智商与情商的高低，是决定一个人未来能否走得更长远的保障。所以，我们一定要做一个高智商与高情商相结合的人。

当你拥有高智商与高情商时，你会发现：不管是处理工作还是应对生活，你都不会以自我为中心，也不会患上人际交往恐惧症，为此感到力不从心，而是会事半功倍。

2. 好话题，胜过好技巧

畅销书《好好说说》的文案是这样写的："抛开常见的教授套路，通过新鲜、有趣的说话技巧，达到修正读者三观、激发读者思维、传输使用技巧的目的，从而综合提升说话之道。"

这是一本教授大家说话技巧的书，一度热卖。现在，越来越多的人开始学习说话技巧的课程，这本身是好事，说明我们越来越重视自己的语言表达能力。但是，我们还要注意一点：好话题胜过好技巧。

学会说话的好技巧，能让我们知道如何把话说得清楚、说得更容易让他人接受，但不能保证我们说的话会受人喜欢。所以，在学会说话的好技巧前，不妨先学会找好

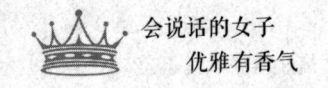

话题——在好话题的基础上，通过运用好技巧，一定能收获更好的沟通效果。

好话题就像一把钥匙，只有用它打开沟通之门，你才能展示好技巧。

邓丽欣是一名应届毕业生，毕业后进入一家医药公司工作。在跟着职场前辈学习了一个月的推销经验后，她就开始独自去拜访医生了。

每次与医生见面，一开始邓丽欣都会想起在学校里学过的谈话技巧和职场前辈传递的经验。因为，在双方还对彼此不熟悉的时候，医生对药品不会有太多的兴趣，所以要先跟医生聊点别的话题。

有一天，邓丽欣去拜访一位医生。经过自我介绍后，她看到对方给患者开药方时写的字体不是常见的，好像是自己单独练习的一种字体，就想到了说话技巧里的两点：一要投其所好，二要善于赞美。于是她微笑着说："刘医生，您写的字真好看，我就写不出来这样好看的字。"

"我随便乱写的。"刘医生头也没抬地说。

"那您最喜欢谁的字体？"邓丽欣锲而不舍地问道。

第五章
最高级的情商，是懂得他人说不出口的话

"没什么特别喜欢的字体。"刘医生依旧是不太热情地回答。

见医生不怎么搭理自己，邓丽欣只好气馁地结束话题，说就先不打扰他了，以后再来拜访。等邓丽欣把医院都逛了一圈后，这才发现那位刘医生与另一家医药公司的代表相谈甚欢，而对方恰好是她的同班同学林奇。

趁着周末的晚上，邓丽欣把林奇约出来一起吃饭。吃饭的时候，她跟林奇说自己已经投其所好加以赞美了，那位刘医生还是爱理不理的，并且问林奇是怎么搞定他的。

林奇听后，哈哈大笑地说："光知道技巧不行啊，还得找对话题。刘医生的字一直被他们科室里的人调侃，其实他并不喜欢练字，只是想把字练好而已。但你呢，不但夸他的字好看，还问他喜欢谁的字体。

"这就是拜访客户时很重要的一点了，你得先了解要拜访的人喜欢什么才能找到合适的话题。接着再运用一些好的说话技巧，你就能跟我一样与他们相谈甚欢了。"

听完林奇的话，邓丽欣恍然大悟：与人沟通，如果不了解实际情况就莽撞地自以为投其所好地找话题，无异于自败好感。

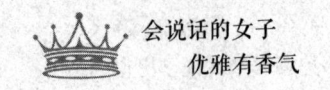

接下来的日子里，只要是去拜访新的医生，邓丽欣都会提前去医院了解情况，看看医院专栏里有没有这位医生的介绍，然后认真记下。接着，在医生有门诊的时候，邓丽欣就坐在候诊室与患者聊天，看能不能从患者口中了解更多关于医生的一些信息。此外，她还会去一些关系还不错的同行那里打听消息。

做到足够的了解以后，邓丽欣才会敲响医生办公室的门。也因为做足了功课，找到了好话题，她再也没有被冷脸相对过。因为专业知识扎实，对公司药品了解得透彻，慢慢地，她用专业知识为自己赢得了医生的好感。

在与人交谈时，不懂对方的喜好就贸然找话题，这其实是一种打扰，惹对方生厌。好的话题，一定是经过深思熟虑以后才产生的。

邓丽欣跟高中同学袁路讲完这件事后，袁路也分享了自己相似的经历。

袁路上大学时学的是新闻传播，毕业后回老家做了一名电视台的记者。她每天挖掘选题、联系采访对象，可谓是四处奔波。

第 五 章

最高级的情商,是懂得他人说不出口的话

有时候,遇到脾气好的采访对象,双方也会聊得尽兴,能收集到尽可能多的报道素材。但有时候遇到脾气不太好的采访对象,不仅一无所获,还会被赶出门。

有一次,袁路独立负责整理采矿业的新闻报道选题。如今,整个市里的矿厂都已关闭禁止开采了,而这次报道实际上算是对该市采矿历史的一个全面总结。

袁路了解到,当地有一个村庄被人称为"寡妇村",因为整个村的男人大部分死在了矿山,留下的都是妇女、小孩和老人,只有极少数外出务工的年轻男子。袁路觉得这些人是采矿业的见证者,打算去采访她们,了解她们在失去男性劳动力以后的生活。

做好规划和采访材料后,袁路就直接去了那个村庄。经过之前的调研,她知道有一家三代人都被深埋矿井。她来到那家人的门前,做着自我介绍:"王大姐,您好,我是电视台《观注》栏目的记者袁路,目前我们在做一个与采矿业有关的报道。我们了解到您的公公、丈夫和儿子都在矿山中不幸遇难,所以希望能占用您一些时间接收我的采访,简单回答我几个问题。"

听完袁路的话,王大姐的脸色就变了,直接摆手就要

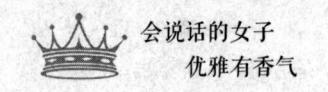

关门，说："你走吧，我不接受你们的什么采访。"

袁路觉得自己的自我介绍没问题，她也礼貌地表明了来意。可是她忘了，有的伤口就算时间让它愈合了，它还是会留下疤痕，一触碰就隐隐作痛。更何况，她这算是再次揭开对方的伤疤。

一连几天都是这样，只要一看到袁路出现，王大姐转身就关上了院门。

束手无策之际，袁路只好回单位拉来一位前辈，希望对方能帮她打破僵局。

整个过程中，前辈只字不提矿难，只是从简单的生活开始，与王大姐聊家常。前辈夸王大姐勤劳，一个女人也能把家打理得有条不紊，还种出了各类蔬菜，或者聊自己的孩子和王大姐的女儿。

没想到，在絮絮叨叨的家常闲聊中，王大姐逐渐打开了心扉，说起了那段自己从来不愿触碰的往事。

采访结束后，回去的路上，袁路一直夸前辈情商高。

前辈语重心长地说："很多人说我情商高、采访有技巧，其实，我希望你知道，一千个所谓的技巧，比不上你去真正尊重采访对象。你要记住，首先你要做的并不是提问，而是做尊重他们的朋友。他们愿意说的，你就耐心听；他们不愿意说的，你也不要强求。毕竟，对他们来说，有些过往是无法言说的痛。"

前辈的一番话，让袁路瞬间明白了自己的过错——她只想到自己的采访任务，却忘记了面对的是一个有血有肉的人。于她而言，这是采访中的一个环节；于王大姐而言，是重新经历一次失去至亲的噩梦。

袁路只在乎自己想要知道的事情，而没有考虑她选择的话题是不是能被受访对象接受。她没有照顾到对方的情绪，没有寻找一个对方便于接受的话题去打开对方的心灵。

当新闻报道出来以后，袁路买了一些礼品去探望王大姐，并为第一次的失礼而道歉，两人还因此而成了朋友。

说话是双向沟通，不能只顾自己而忽略他人的感受。比起考虑用什么技巧说出漂亮的话，不如设身处地地站在对方的角度寻找一个好话题，这样既尊重了他人，也能有一次愉快的谈话。

如今，人们说话都讲究技巧，并以为只要掌握了说话技巧就能在谈话人群中脱颖而出。殊不知，很多时候别人

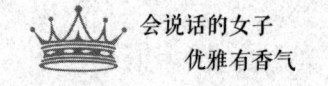

并不在意你是否会很多说话技巧，而是你在谈话中是否真诚，你说的话是否兼顾了当事人的感受。

说话技巧很重要，但情商更重要。情商高能帮你找到一个好的话题，比如，我们不能与公司的同事讨论工资，不能与女生讨论年龄和体重，这似乎已经成了共识。

我们不能在别人不擅长的领悟夸夸其谈，让别人难堪——就像邓丽欣在刘医生面前聊书法，即便是夸奖对方，也让人觉得不真诚；我们不能给一个受过伤的人递刀，让其自揭伤疤——就像袁路，因为情商不高，一开始就失去了采访的机会。

聊天，是在充分了解和尊重对方的基础上展开的。而找到好的话题，运用你所知道的说话技巧，能将话题引向更有趣的方向。

我们谁也无法保证一次谈话一定是顺畅的，但我们可以尽可能地构建一个好的谈话氛围，寻找一个好的话题。因为，好话题胜过好技巧。

好话题就像冬日的阳光，能融化坚冰，打破谈话时的尴尬气氛；好话题就像三月的春风，温和而舒服，让人心情愉悦。

3. 有些话不必出口，已胜过千言万语

某一期《这就是街舞》的舞台上，大家都看好选手亮亮，结果他惨遭淘汰。

最后，主持人问队长有什么话要送给亮亮，队长咬着牙，脸上满是不甘——他其实有千言万语要说，最后却只说了三个字："我没有。"

说完这话，队长红着眼眶走上舞台，抱了抱亮亮。他所有未开口的话，都在这个拥抱里了。

生活中，有些人不善言辞，不会告诉你他有多在乎你。但是，天凉了，他会提醒你准备御寒的衣物；你生病了，他会给你去买药；你伤心了，他便穿越人海来到你身边安慰你。

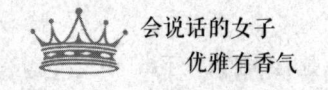

我们总会抱怨,抱怨家人开口闭口都是唠叨,没有半句体贴的话;抱怨朋友张口就是揭短、互损,只字不提想念;抱怨爱人老实、木讷,绝口不说甜言蜜语。但有些话,未出口就已胜过千言万语。

四月的清晨、第一口雪糕、吃海底捞火锅的最后一颗鱼丸、温暖的怀抱、漫长的跋涉、无悔的等待、温馨的家和往后余生……这些背后包含的话语,无声却有力,让我们即使身在寒冬依旧如沐春风。

所以,与其抱怨,不如去理解、去感受——感受那些融入生活的爱意,这也是语言的另一种表达方式。

詹微的父亲是个不善表达的人,以致整整16年来詹微都觉得父亲不爱她。

一直以来,父亲对詹微十分严格——小时候,别的小朋友在外面踢毽子、跳绳,她只能端端正正地坐在书桌前看书写作业。

詹微没有周末也没有寒暑假,学校的作业做完了,父亲还会另外布置课外作业。如果遇到不会做的题目,父亲讲过三遍她若还是做不出来,挨训是常有的事。甚至,有

第 五 章
最高级的情商,是懂得他人说不出口的话

一次父亲直接把她的作业本扔了,批评道:"做不来就别做了,真笨!"

詹微哭着捡起作业本继续做,她不明白为什么父亲有耐心教堂姐做作业,却对自己这么不耐烦,她一度怀疑自己是捡来的。

詹微印象最深的是上初中的时候,因为成绩下滑,父亲让她以后早点回家写作业。可有一次,她因为跟同学一起去山上捡板栗回家晚了,结果被罚写作业整整四个小时。更可气的是,明明是亲姐弟,待遇却完全不同——父亲对弟弟可谓是放养,他满田野地乱跑,跟同学玩到天黑才回家,就算考试不及格也不会被罚。

詹微固执地认为父亲重男轻女,所以她在家里不受欢迎。直到高考以后她才知道,父亲不是不爱她,而是不善于表达。

上高中住校以后,詹微一个月只能回家一次,每次父亲都会多给她一些生活费,让她在学校里要照顾好自己。后来,她从母亲那里知道,父亲把给自己买保暖服的钱都给了她。

有一次,有村民在山上弄到了难得一吃的野味,为了

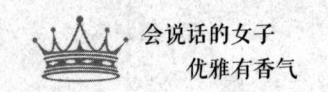

让詹微也尝尝鲜，父亲多买了一些。在家做好后，父亲骑着摩托车跑了六十多里的路专门给詹微送过去。

走到半路上下起了雨，父亲到了学校时，他的衣服已经浸满雨水，裤腿沾满黄泥。他没有顾得上歇息，只是对詹微说：“趁热吃，我就先回去了。”

那时候，詹微还不懂得父亲未开口的关爱。

高考时，詹微只想报考远方的大学，觉得离家越远越好。填报志愿的时候，父亲问她想报什么大学，她说想去华北科技学院。

"学校在哪里？"

"河北。"

"那么远？还是报本省的吧。"

"我想出省。"

听完这话，父亲久久地沉默着，好久才开口说："我知道你一直不喜欢我，觉得我对你太严对弟弟太松，这是有原因的。

"你是女孩子，如果不好好读书考上大学，那么以后你就只能待在这片大山里，把自己的一辈子全寄托在一个男人身上。而你弟弟是男孩子，他只要有力气就能养活自己,不用去靠别人。所以,我只是想让你以后不要像村里的其他女孩子一样,一辈子待在大山里,我希望你能走出去,去看看外面的世界。"

父亲从来没有说过这么多的话,看着眼前已略显苍老的父亲,詹微觉得自己似乎从来没有试着去理解他。她只看到父亲对自己的严厉,却没有在意他背后深深的爱意。

父亲对她的要求一直就是好好读书。堂姐7岁时就开始自己洗衣服了,但父亲没有要求她做这些;农忙时节,堂姐帮忙家里下田割稻子,父亲没有让詹微干农活,只让她回家好好做作业。

冬天放学后,无论天寒地冻还是夜幕沉沉,父亲都在小镇上等詹微一起回家。饭桌上的菜全是她喜欢的,听妈妈说,那是父亲一大早就去菜市场买好的,就等她回来吃。

詹微还从弟弟那里得知,父亲从来没有重男轻女,他一直教导弟弟要照顾姐姐:"你是男孩子,姐姐是女孩子,所以你要让着姐姐,以后长大了更要保护姐姐。"

好在詹微如今明白了父亲未开口的深爱,长街上的等候、风雨中的骑行、倾尽所有的给予……这些行动,比父亲严厉的语言更温暖。

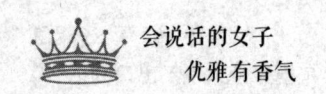

最后，詹微如父亲所愿，留在了本省读大学。

用言语表达爱只是一种普遍的方式，其实，行动里也蕴含着一个人无限的爱意，那本身已经胜过千言万语。

詹微有个初中好友叫大红，对方从未缺席过她生命中任何重要的时刻。虽然大多数时候两人相处都是互相调侃——詹微调侃大红矮，大红调侃詹微身材差，但只要詹微有需要，大红永远都是最先出现的那一个。

上大学的时候，詹微喜欢上了一个男生，而男生的种种行为也让詹微以为对方是喜欢她的。但是，后来詹微发现那个男生只是想通过她认识她们宿舍的另外一个女生。

一瞬间，詹微觉得自己很可笑——一切都是自己的一厢情愿，心里不免酸酸涩涩的。

詹微想出去散散心，就打电话给大红，让她周末陪自己一起去邻市逛一逛。大红二话不说就答应了，就这样，两个人订了周六的火车票。

一路上，大红什么事也没有问，就是静静地陪着詹微吃喝玩乐。直到夜深人静，两个人躺在宾馆的床上，詹微才忍不住哭起来。大红紧紧地抱住了她，安慰道："没事，以后还会遇到更好的。"

少女初恋的好感，就这样无疾而终。回到学校的时候，詹微要剪短发，大红也没有劝说，由着她剪去了自己曾经喜爱的一头长发。

毕业后，詹微还有过一次失恋的经历。那时，在一起有一年的男朋友说分手就分手，只留下她守着过往画地为牢。她觉得世间的一切都失去了色彩，于是把自己关在房间里，不吃不喝。

这时候，也是大红从1200公里外的地方赶回来，敲响了詹微的房门。她替詹微收拾好凌乱的房间，去超市买来食材，给詹微做了一顿热气腾腾的晚餐。

吃完晚饭，大红带着詹微去了广场，然后在江边买了两个孔明灯，让詹微写上心愿，两人一起放飞。就这样，一切过往也就随着孔明灯的上升而过去了。

大红不善言辞，不会说好话安慰人，也不会说让人开心的话，但她的存在让詹微觉得心安。因为，每一次她都用行动告诉詹微，她永远站在詹微身边。

工作不久，詹微做兼职交保证金被骗，没钱交房租了，别人都在安慰她不要难过或者说她太不小心了，只有大红

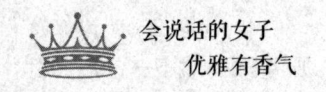

不声不响地给她转了账，让她在外面好好照顾自己，有需要就跟她说。

锦上添花易，雪中送炭难，大红一直就是詹微生命中雪中送炭的人。大红不需要说什么好话，她的拥抱就囊括了所有的安慰；她的一顿晚餐就包含着鼓励的味道；她买的孔明灯就寓意着一切终将随风而去，要学会放下。

两个人的友情，不是靠语言来确定、维持和证明的，因为有时候语言太苍白，无法表达一个人内心的汹涌澎湃，而行动恰好能够进行补充。

《什么都不必说》这首歌里唱道："一如平湖水破，一如岁月蹉跎，一路聚散离合，千言万语略过，什么都不必说。"因为互相懂得，所以千言万语都不必说——就像詹微懂得大红的安慰与关心，所以不用对方开口她就知晓对方的心意。

有时候，有些爱太深沉，三言两语已经无法承载它的厚重，于是只能以另一种形式展现出来。

父母对孩子的爱总是热烈的，他们不顾一切地想要给孩子所有，但又不得不克制，因为他们是属于孩子的，但孩子永远不属于他们。

因为终有一天,孩子要长大,要去往更广阔的天地。父母不能相随,只能用一种笨拙的方式教会孩子成长——小心翼翼地陪伴着,却不知如何表达满腔的浓情。

有些话对方没有说出口,并非是因为不爱你,而有些话虽然说出来了,却需要你用心去感受。所以,不要辜负每一个爱你却不善于表达的人,因为有些话不必开口已胜千言万语。

4. 怎么聊,才能跟谁都聊得来

会聊天,不是一味地迎合和容忍别人,而是懂得怎样说话。比如,通过恰到好处的沉默,让对方感到你把他放在了心上。

会说话的女子 优雅有香气

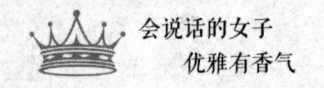

在《简·爱》中,罗切斯特是游历了半个地球、见多识广的贵族,而简·爱是一个出身贫寒、相貌平平的女孩子。

简·爱喜欢听罗切斯特讲话,她带着好奇和喜悦走进了他的思想世界,也占据了他的心。而她让罗切斯特最着迷的地方是:"你的高明之处不在于谈论你自己,而在于倾听别人谈论自己。"

事实上,我们都喜欢身边如简·爱一样的姑娘,她们懂得在恰当的时候保持沉默。

很多人认为,会说话就是滔滔不绝。实际上,那些滔滔不绝的人不是会说话,而是不懂聊天的技巧。那么,在日常生活中,与人沟通时想要受到更多同事的欢迎,不如让对方多说。

阿美虽然年龄不大,但已经在一家外企做到了中层管理的位置。上周星期天,阿美到好久不见的表姐家做客,一进门就唉声叹气的。

把阿美迎进门之后,表姐忙着让座倒水,然后听她絮絮叨叨说了许多。表姐大致明白了是怎么回事,原来阿美

第 五 章

最高级的情商，是懂得他人说不出口的话

最近工作不顺，她却找不到原因。

阿美在一家外企做人力资源工作，偶尔还会负责一些咨询顾问的工作，但她与同事的关系并不融洽，甚至在公司里连一个朋友都没有。

最主要的原因是，每次与同事交流，阿美总是情不自禁地讲述自己当初如何抓住机会，完成了一项又一项原本不大可能完成的项目。谈话结束后，她还要来一些"鸡汤"式的总结。

因为这样，阿美逐渐引起了很多同事的不满，大家都不愿意与她交流了。

作为一名合格的职场人，尤其是对身处人力资源岗位的阿美而言，能与同事心无芥蒂地沟通是她必备的一项职场技能。为此，她还专门去上了一堂职场沟通课程，但效果并不明显。

阿美很烦恼，她不断地抱怨："职场又不是小孩子过家家，竟然还要分男女站队，明明我给出的建议更合理，但同事竟然都不领情。更可怕的是，领导已经对我这两个月的工作状态不满意了，我得尽快让大家接纳我。"

于是，表姐跟阿美讲了自己遇到的一件事。昨天下午，

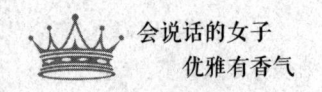

她在一家咖啡店里精心地整理资料,听到旁边有两个女孩在聊天。

女孩 A 说:"我哥都快 30 岁了却一直找不到女朋友。其实,我哥长得很帅,而且他几乎每周都去游泳,身材也很好,放在普通人群中他算是很有魅力的一员。"

另一个女孩 B 好奇地问:"你哥既然这么优秀,为什么没有找到女朋友呢?"

A 略微有些不好意思地说:"以前我也不明白,直到前段时间我哥去参加了一个电视台举办的相亲节目,我才不得不承认,他活该单身。

"那档节目属于速配相亲,男女之间的互动时间只有 5 分钟。如果女方对男方有好感就会留下联系方式,但整场节目结束,我哥没收到任何一个姑娘的联系方式。"

"为什么呢?"

"因为我哥是话唠。每次两人刚刚坐到一起,他就不停地在说自己的各种情况,大概是为了让对方能够更好地了解自己,从而获得对方的好感吧。结果,他因为没给那些姑娘留出表达自己的时间而被人家忽略了。"

有时候,听别人把话说完才是跟谁都聊得来的最佳方

第五章
最高级的情商，是懂得他人说不出口的话

式。双方沟通时，让对方有更多的话语权，效果会更好。

在接下来的工作中，阿美开始注意这个细节，尽量减少讲述自我经历的时间，把机会留给同事。结果，不到一周的时间，她就缓和了紧张的同事关系。

渐渐地，阿美发现，其实自己身边每个人都有很多值得夸耀和别人学习的事情。对他们而言，把自己的故事分享给阿美，比听她分享工作成绩要更开心。

现在，每次跟同事聊天，阿美都会主动提议让大家分享自己的故事。只有当同事问到自己的情况时，阿美才会略微地谈一谈。

从一开始不招同事喜欢，到后来被大多数同事接纳，阿美只因为做好了一件事：每次与人交流，自己少说话，让别人多说话。

大宇总是因为屡次打断别人说话而被身边的朋友吐槽，她看似跟谁说话都能侃侃而谈，比如与初次见面的客户吃饭，她熟络得像多年未见的好友，但最终效果并不理想。

某一次，大宇和另一位同事招待远道而来的两位客

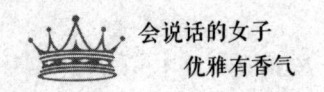

户，四个人边吃饭边聊天，气氛很好。为了不冷场，大宇在饭桌上不断地主动找有趣的话题跟客户聊，对客户又是斟酒又是吹捧，简直把客户方的宣传总监捧上了天。

饭局结束后，回单位的路上，大宇还不断地跟身边的同事吹牛，语气中满是志得意满的自豪："你刚刚怎么都不说话呢？接下来只需要过几天再约他们一次，订单基本就妥了，这个单子看来最后又是我接了。"

谁知道，没过几天，那个单子却被同事接手了。

大宇跟朋友不停地抱怨，有人问她："有没有去问问对方原因呢？"

大宇又气又笑地说："当然问了呀！后来，我跟客户方的策划主管聊天后才知道，他们总监当时觉得我太浮夸，他更倾向于跟踏实的人合作。"

有一次，大宇跟朋友聚会，有一位女性朋友正好新婚，于是一群人渐渐聊起了对方与老公如何相识，蜜月去了哪里的话题。

结果，那位新婚朋友话还没讲完就被大宇打断了，接下来，她滔滔不绝地说着自己和老公的日常甜蜜，讲述了两人从相识到相爱，再到结婚的全部过程。

第五章
最高级的情商，是懂得他人说不出口的话

那位新婚朋友说自己与老公是一见钟情，大宇立刻说："我和老公是青梅竹马，我们都不相信一见钟情，不是有句话说得好吗，一见钟情钟的都是双方的皮囊。"

那位新婚朋友说自己和老公去云南度的蜜月，其间还遇到一些趣事，这也立刻被大宇打断说："我们当时也去了云南，不过不是跟团——我觉得蜜月还是要自由行，那样玩起来才更嗨。"

因为话题被屡次打断，那位新婚朋友逐渐面露不悦，场面顿时尴尬起来。

这样的事在身边经常发生，作为网络电台主持人，杜兰难免会遇到一些现场采访。

在某场活动中，嘉宾里有一位原创歌手，在展示才艺的时间里，他演唱了一首自己作词作曲的歌。在众人一通夸赞后，其中一位主持人问那位歌手："当时是因为什么样的机缘，才促使你完成这首歌的创作？"

那位歌手还没开口呢，杜兰就接过了话题。最后，那位歌手只说了一句"因为当时恰好经历了某些事情，有感而发"，就把话筒让给了杜兰。

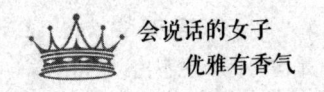

结果，节目播出之后，很多网友纷纷吐槽杜兰主持功底不够。而那位歌手的粉丝更是不满杜兰现场的抢话行为，认为她不尊重对方，让她向对方公开道歉。

事情发酵到最后，杜兰不得不在微博上发了一条道歉信息。事后，她也感到很委屈，说自己只是为了暖场，怕现场氛围不够。但她没意识到，根本原因是她只顾着自己表达，所以忽略了他人的情绪。

在人际交往中，如果你只是单方面滔滔不绝地讲话，那么，你是很难跟对方进行深层次沟通的。懂得适当地保持沉默，听一听他人说了什么，是对对方的一种尊重。

假如舌绽莲花的人能更有效地说服别人，那么，懂得听别人说话的人，才更能从心底打动对方。说话是一门艺术，也是一种智慧，有的人说话让人感到如沐春风，而有的人却会让人敬而远之。在这之间，大家都忽略了一种沟通方式，那就是沉默。

专注的倾听和适当的沉默，才是我们与谁都能聊天的沟通秘籍。

其实，日常交往中，我们通常能看到懂得倾听别人讲话的重要性。比如，作为一名销售人员去拜访客户时，最重要的不是你说了多少话，而是你能从客户那里获取多少重要的信息。

再如，作为职场新人，因为对公司的了解还不够，即便渴望大显身手，也要学会静下心来耐心观察和等待，机遇来了才能牢牢抓住。

职场沟通时，让对方多说话不仅是一个好习惯，同时也能搞好同事关系，更是一种核心领导力。尤其当你的层次越来越高，面对的局面越来越复杂，多听少说就显得更加重要。

会说话是一种本事，但懂得少说话也是一种修养。

第六章

会说话的人，运气都不会太差

那些爱情美满、宾客满堂、职场中左右逢源、事业蒸蒸日上、受人尊重的人，一定都会好好说话。

会说话的人，不管是做人还是工作，都会有人喜欢。会说话的人，运气都不会太差。

第六章
会说话的人，运气都不会太差

1. 你说话的底气，来自实力

生活中，有人经常会夸夸其谈，但他的话经不起深入推敲，别人稍有质疑，他便支支吾吾说不出个所以然来。而有人言简意赅却句句缜密，让人心生佩服。究其原因，一个是胸无点墨、外强中干，一个是胸有成竹、静水流深。

要知道，我们说话的底气来自实力。

战国时期的苏秦游说六国"合纵抗秦"，佩六国相印，保了六国十五年的安定。当时，苏秦说六国总能透过现象见本质，针砭时弊、一语中的。

比如，苏秦劝谏燕文公："燕之所以不犯寇被甲兵者，以赵之为蔽其南也。且秦之攻燕也，战于千里之外；赵之攻燕也，战于百里之内。夫不忧百里之患而重千里之外，

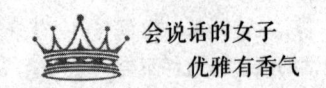

计无过于此者。愿大王与赵从亲，天下为一，则燕国必无患矣。"

根据燕国的实际情况而言，苏秦陈情利弊，成功说服燕文公同意合纵计策。

苏秦之所以能达到合纵的效果，衣锦荣归，不仅因为他善于讲话，更因为他有底气。他的底气来自实力——苏秦师从鬼谷子，刻苦攻读《周书阴符》，伏案钻研，直至揣摩出合纵连横之术，才开始游说六国的道路。

这个世界上从来就没有什么是不劳而获的，那些侃侃而谈的人，只因拥有泰山崩于面前而无惧的魄力。

王语是个即将毕业的大四学生，专业学的是国际贸易，这时候学校的校招也陆陆续续开始了。

王语有自己的目标，希望毕业以后能去外企工作，因为同专业的师兄师姐都说，如果想要学到本事，希望以后有更好的发展，一个好的平台很重要——知名外企无疑是最好的选择。

为此，上大一时王语就开始制订学习计划，每一步都是为了将来拥有足够的实力参加外企的面试，拥有与世界知名外企相匹配的优秀能力。于是，每天早上6点半她准时起床去教室早读，晚上在图书馆奋战。上课认真听讲，积极与老师互动，努力学好专业课。

此外，她还兼顾课外活动，上大二时与他人组建团队，参加"全国大学生营销大赛"和"全国互联网+创业大赛"。在参加比赛期间，有时候同宿舍的人三四天都见不到她的身影，因为她在大家还没起床前就出门了，在大家睡觉后才归来。

一开始，不会写计划书，她就去自学。在网上看了几百份企业计划书，她才写出一份让自己稍稍满意的计划书。为了展现自己设想的产品，她自学PS和网页设计。

当时团队总共有五个人，没有休息时间，没有周末，他们就在申请来的办公室里没日没夜地工作，修改、推翻、重建、完善。

一个人活成了一支队伍，什么就都学会了。

这两项比赛，王语都拿到了省级奖项，并且她还在省级文学大赛中得了优秀奖。

上大三时，学院计划师生共同进行课题研究，让学生在教务网上自愿去感兴趣的课题下报名。

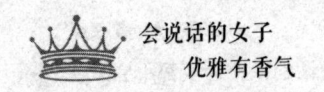

一得到消息，王语立刻就报名参加了。也因为她有团队参赛的经历，课题老师将组织其他学生选题和撰写论文的任务交给了她。她也不辱使命，两个月后将论文最终版提交给老师，修改后成功发表。

她还学习说话技巧、如何与人沟通以及参加演讲比赛，锻炼自己的口才。

正因为这些积累，王语的专业知识和组织能力高出其他同学很多。校招的时候，很多人怕去外企面试被刷都选择去国企面试，而王语穿上职业装，化了淡妆，从容淡定地去面试了。

那天，当面试官问王语觉得自己能否胜任工作时，她胸有成竹地说："我觉得我能胜任这份工作。首先，我专业知识扎实，能快速熟悉产品的性能和功效，有利于与客户进行沟通和交流。其次，我参加过营销大赛并获得了省级奖项，这说明我拥有较好的销售能力，能够根据贵公司的不同产品制订适合的营销方案。最后，我能熟练运用Office等办公软件，而且我学习能力强，能够快速学会处理工作中的事情。"

之后，王语还跟面试官探讨了一些关于他们公司主打

第六章
会说话的人，运气都不会太差

产品的营销问题。整场面试下来，她思路清晰、有理有据、落落大方，赢得了面试官的一致认同，免了复试直接被录用。

很多人羡慕王语求职如同开了挂一样，其实，王语背后是她们难以想象的艰辛付出——王语面试时说话的底气，来自她大学四年日积月累的知识积淀、来自她对目标公司的研究、来自她提前对目标公司主打产品的调研。

没有谁的好运气是随随便便得来的，是言之有物、言之有理，让人看出你并非是绣花枕头而是有一定实力的人。

那些说话有底气的人，都经历过无数个夜晚的踽踽独行——但只要不放弃，一步一步积攒实力，终会登顶。

王语的同班同学叶缤，求职道路就比较坎坷了。

在校期间，叶缤积极参加各种社团活动，以致忽略了专业课程的学习。她喜欢与人沟通交际，但做的却是如何讨人欢心，不懂得提高知识修养和内涵的重要性。

校招时，她去了一家国企。但是，实习两个月后，她发现自己并不喜欢这个职业，反而对新媒体运营更感兴

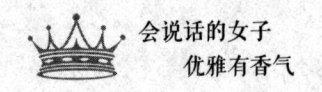

趣。想通这个问题以后,她决定辞职去新媒体公司面试。

在网上投完简历后,有两家新媒体公司邀请叶缤去面试。她本以为凭借自己的口才,一切都在掌控之中,肯定能通过面试。事实却是,整场面试她都是在尴尬中度过的。

面试官问叶缤的意向职位是什么,她说是新媒体运营。这一回答让面试官知道,她对新媒体并不了解,只听说过新媒体运营,而不知道它的具体工作内容是怎样的。

接着,面试官问了她一系列问题,主要包括:如果做产品运营,是否会做宣传海报;如果做内容运营,是否能熟练使用各种编辑器进行排版;是否有过公众号运营的经验;是否能够联合自媒体和社群进行裂变。

一个接一个的问题,直接把叶缤问蒙了。她只是听说新媒体运营前景挺好,以为就是简单地用自媒体进行产品的宣传,这些很容易学会。但由于对行业一无所知,即使平时侃侃而谈的她也变得结结巴巴,而且说得越多错得也就越多——很多问题她都回答不上,即使回答了也是泛泛而谈,根本不在点子上。

"额……新媒体运营就是把产品信息……嗯……用新媒体这种载体传播出去。做图我不会,但是我觉得我能

第六章
会说话的人，运气都不会太差

学会；排版我也没怎么接触过，如果有人能教我一下也能学会……"

叶缤越说声音越小，仿佛被鱼刺卡住了喉咙。最后，面试官不胜其烦，打断她说："好的，今天的面试就先到这里，两天后我们再给你面试结果。"

两天后，叶缤自然是什么消息也没有收到。

面试失败后，叶缤直接推掉了另一家公司的面试，因为她对这个行业知之甚少，去了也是浪费时间。而她也不想再体验说话毫无底气、在内行人面前无所遁形的狼狈。

为此，她开始学习新媒体运营的知识，买了相关书籍，报了相关课程。同时，她在网上跟着教程学习排版，学习做宣传海报。

三个月后，当再度踏上求职的道路，叶缤可算是有备而来。面试时，她底气十足、说话流畅，赢得了面试官的青睐，最后获得了自己想要的岗位。

面对沟通，你所有的能力都能从你的说话状态中看出来，因为有实力才能有底气，有底气才能无惧。

一个人说话的状态会暴露他的实力，实力不足说话会

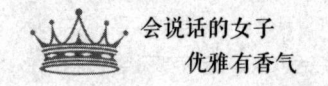

没底气、支支吾吾，因为他不知道自己说的对不对。反之，你能胸有成竹、从容应对、展现自信的风貌，会让别人不自觉地信任你，就能赢得别人的好感。

真正的会说话，不是只会说漂亮话，而是说的每一句话都言之有理、言之有物。

一个人的实力就像盖楼的地基，只有地基牢固了，上层建筑才能稳固；若是地基不稳，就算高楼建成了也是岌岌可危。同样，一个人若是没有实力支撑，便如浮萍一般，即使说话时声如洪钟、左右逢源也无人响应。

有一种梦想家，他们将自己的梦想说得天花乱坠，却没有支撑实现梦想的实力，稍遇质疑他们便四处抱怨，抱怨别人的不信任和嘲笑。

其实，没人嘲笑你的梦想，他们只是在嘲笑你的实力。若是你的实力能匹配你的野心，没人能撼动你的梦想。就像王语一样，她说的每一句都是厚积薄发的。而叶缤刚开始应聘的能力不足，正是实力与野心不匹配的结果。

想要什么，就得让自己拥有与之相配的实力，否则一切都是空中楼阁，虚幻而不切实际。

因为，你说话的底气来自实力。

2. 互动的话，才容易攻心

情商高的人，通常会用一种引导型的对话来增加彼此的互动，一点一点抽丝剥茧、逐层深入，让对方从心理上慢慢接受你所说的话，最后达到让对方原本不明朗的态度变得明朗开阔、发人深省，从而达到攻心的目的。

《跟任何人聊得来》一书里写道："不能突然提出要求，更不能'炒锅捣蒜，一锤子买卖'，而要循序渐进、逐步深入，有针对性地消除对方的各种疑惑，从而达成说服的目的。"

就像《康熙来了》的舞台上，主持人小S经常会通过一系列带有引导性的互动抛出问题，让嘉宾说出内心深处的秘密，为观众展现出他们在镜头以外的真我个性。

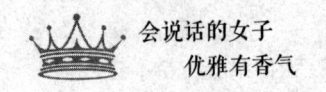

从小到大，由微至著，从轻到重，由浅及深，这就是引导型对话的方法。正所谓"放长线钓大鱼"，这既是沟通时说服别人的技巧，也是获得事业成功的大原则。

项晨在会议室里来回踱步，对着几个小组成员摇了摇头，面露遗憾地说："这个项目，前前后后我们做了几个月，我们明明已经努力到极致了，为什么还是差了那么一点点没成功呢？"

"你先别着急，只要对方还没有到正式签约的那一天，肯定还有其他办法。"陈琪宽慰地说。

"那你还能想出其他办法吗？但凡能想的办法我都想了，能走的路我也都走了，我真的尽力了！"项晨有些有气无力地说。

"别这么早下定论嘛，还没有到签约的最后一刻，谁都不知道胜负，我们要有永不言败的精神。有句话不是这么说的吗，还未拼尽全力，就别说自己不可以！"

顿了几秒，陈琪继续说："我很理解你的心情，我也深知这段时间你辛苦了——身为组长，你为这个项目付出了大量的时间和精力。不过，你也别太为难自己，这不是

第六章
会说话的人，运气都不会太差

你一个人的事，这是我们大家的事，你不是一个人在战斗，你身后还有我们。"

陈琪激情地说着，大家也都纷纷投来坚定的目光，表示赞同。

直到这时，项晨眼中才开始有了一点希望的光芒，慢慢地抬头看向陈琪。此时的陈琪是如此神采奕奕，似乎没有受到项目面临竞争失败的影响。

"当然，我也不是凭空而来的自信，下面我来给大家分析一下吧。组长，你站在竞争对手的角度设想一下，如果他们已经把我们逼入死角了，只要再走一步我们就输了，那为什么还要给我们留一点余地呢？

"因为肉已经炖好了，还要焖一会儿再开锅才好吃——我猜此时他们已经提前开始庆祝了，就等着我们自乱阵脚把项目拱手相让。"

听到这儿，项晨的脸色又暗淡了下去。

"要知道，商场中的局势瞬息万变，有时候错过了就没机会了。换作是你，也不会让煮熟的鸭子飞了吧？除非目前还有一个因素欠缺，他们在等一机会。你仔细想想，整个流程是不是还缺了点什么？"陈琪提示道。

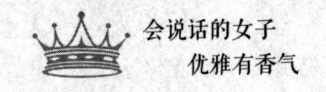

项晨沉思了一会儿，还是面露难色："现在就只差合作方的报关手续到位了，不过这也是我们不能左右的呀。"

"竞争对手在等，说明他们暂时也没有办法解决。你知道什么叫置之死地而后生吗？只有到了这一步，我们才能看到一些之前没有的机会。这段宝贵的时间，对我们来说至关重要。"

"我知道了，原来是这样，突破口在这里啊！利用最后的时间差，我怎么没想到呢？"项晨恍然大悟，猛拍了一下脑袋。

"你呀，当局者迷，看来这场战斗还远没有结束啊！"陈琪和项晨交换了一下眼神，便各自开始忙碌起来。

就这样，正是由于陈琪的一再引导和互动，项晨才挖掘出了事情隐藏的突破口，最后化解了这次竞争危机，顺利完成了项目的签约。

试想一下，如果陈琪直截了当地说出自己的想法，可能很快就会被项晨驳回，思考的过程就会大打折扣，也起不到很好的效果。所以，有时候互动还是相当有必要的。

文琴和文明姐弟俩又讨论起了找对象的事情。几个月

第六章
会说话的人，运气都不会太差

以来，他们俩已经就这个话题讨论过无数次，但每次到最后都不欢而散——谁都无法说服谁。

这一天，文琴又咄咄逼人地说："你看人家袁昊，轻轻松松就找到了那么漂亮还有钱的女朋友，你怎么不开窍呢？家里给你介绍了这么多对象，你总是嫌弃人家这不好那不好，你都这个年纪了，就不要要求这么高了。"

文明反驳道："感情要讲缘分的，不是说在一起就能在一起的，看看你整天给我介绍的对象都是什么样的——我有工作的时候就特别积极，那女孩恨不得明天就嫁给我；一听说我没工作了立刻就撇清关系，现在我重新找到了工作，竟然还有脸回来找我？"

"你怎么总是一根筋呢？谁没个头脑一热的时候呢？再给彼此一个机会嘛。"

"我为什么要给人家机会？人家什么时候给过我机会？我就活该做个冤大头吗？"

"你真是太倔了，真不懂事。我是为了你好，你也不想想我是谁，我能害你吗？"文琴苦口婆心地说道。

文明一脸的愤怒，继续说道："为我好？你做的哪件事情为我好过？就是你，害得我单身多年。我早就跟你说

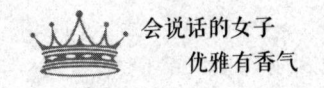

过，大学时我有了女朋友，结果你都做了什么？各种阻止我跟女生接触，恨不得每一条短信都要查，每次出去都要仔细询问跟谁一起、去哪里；实在阻止不了，还要闹到学校里来，搞得人尽皆知。现在随便塞给我一个人，就想让我接受？"

"你怎么总是胡搅蛮缠，辜负我的一片苦心呢？我现在帮你找到了更好的，你要感谢我才对。再说了，没有我能有你的今天？"

"谢谢姐姐帮助我上完大学，那我也明确地告诉你，没有你从中阻拦我可能早就结婚了，我宁愿这辈子不找对象也不想见你介绍的。"

什么事姐姐都替弟弟做主，看似是一种保护，却用错了地方。姐姐完全不在乎弟弟的想法，一味地强加自己的意志，结果可想而知，这次沟通又以不欢而散告终。

各执己见地进行争执的结果就是两败俱伤，因为他们找不到沟通的共同点，没想到只要各让一步就能海阔天空。其实，他们完全可以把力量用在协调上，本着解决问题的态度，提出一个大家都能接受的方案就好了。

第六章
会说话的人，运气都不会太差

无论是在生活中还是在工作中，我们都难免遇到别人与自己意见不一致的情况。这时候，如何说服对方就成了我们不得不面对的一个问题。

说服别人不是一件容易的事情，我们经常会遭遇到各种人找出各种原因来拒绝。这时候，沟通方式就显得尤为重要，两个人之间产生互动，有效沟通能快速打破心理隔阂。

很多人喜欢以自我为中心，一味地灌输自己的意志，不在乎别人的反应和想法。这通常会适得其反，大大增加沟通的成本，甚至丧失一些本就难得的机会。

这时候，如果能暂时放下自我，设身处地站在对方的立场去分析问题，并试图引导对方往这个角度上去思考，那么，一定会取得不错的沟通效果。

很多时候，沟通是为了解决问题而不是制造麻烦。所以，不管用什么方式沟通，心里始终要记住：不要为了争一口无谓的气把大家都逼到绝路上，最后两败俱伤谁都没落下好处。

这么看来，会说话不但是一门艺术，还是每个人必备的能力，更是我们在人际交往中如鱼得水的强大保障。

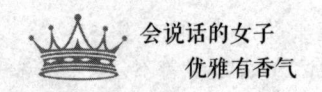

3. 会说话，你就赢了

你嘴上所说的人生，就是你的运势，你的人生运势取决于你口中常对人所说的话。

大家都公认陈道明的情商高，他几乎对每个人、每件事都会用极其恰当的语言来表达看法。电影《归来》做宣传的时候，有一名记者问陈道明："有在张慧雯身上看到巩俐的影子吗？"

陈道明极其恰当地答道："我看不到任何演员是另一个演员的影子，就是一个演员，不能复制，一代一代的女演员怎么能复制呢？"

这就是陈道明，一个只肯在戏里低头的人，他棱角分明却让人舒服，他从未言不由衷令人敬佩。

第六章
会说话的人，运气都不会太差

的确，一个人会说话，从来不是刻意去讨好别人，而是永远明事理、心系他人又不失自我。在一言一行中真诚待人也做好自己，这就是情商高。

周末的时候，漫漫与朋友聚会。席间，一向温婉的漫漫竟然开启了"吐槽"模式，大有把自己的职场心路历程全都吐露在现场之势。

"我自诩主持功底不错，可我长了一张路人甲的脸。"

漫漫是当地电视台的一名主持人，半年前，该电视台新开了一档访谈类综艺节目，她很幸运地成了新节目的主持人。结果，第一期节目开播，有网友吐槽主持人漫漫长相平凡、言辞寡淡，丝毫激不起大家的兴趣。

第二期的时候，漫漫的言辞温婉起来，希望通过捕捉嘉宾的"泪点"来提高收视率。结果，网友吐槽她是"鸡汤味"主持，观点乏味——看似是正能量，但并没什么用。

到了第三期，漫漫学习他人的主持风格，问题变得犀利，语言生动有趣，结果网友说她刻薄了。

第四期时，漫漫开始学着讲段子，结果网友说她"网红"化了。

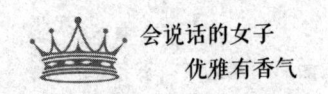

第五期时，漫漫分享了一下自己的故事，网友就说："主持人，你失去了自我。"

漫漫说，从第六期开始自己就崩溃了，永远不知道网友喜欢的是什么。

一席话搅动了在场很多人的情绪，一名同样是主持人的朋友安慰漫漫会有更好的前途，另一位摄影师则鼓励她要勇敢地活出自己。

此时，天天有些风轻云淡地说："你这不算什么，我被骂得比你惨多了。"然后，天天开始讲自己的故事，说自己刚工作时因为长相被人嘲讽过，一次访谈节目中的自己被截图做成了表情包等。

也许天天的本意是为了安慰漫漫，结果她越论证"我更惨"这个观点，漫漫的脸色就越不好看。最后，还是一位朋友及时打断了天天，说："你这纯粹是站着说话不腰疼，你永远不能跟深陷痛苦的人说：'你那个环境已经算舒服的了，我这边才更痛苦。'"

"你这算什么，我比你更惨。"这种比惨式安慰，在生活里很常见。用自己的处境去类比别人的处境，这样的安慰不仅无效，甚至还可能让对方变得更沮丧。

第 六 章
会说话的人，运气都不会太差

当朋友说："我今天加班到凌晨，晚饭都没来得及吃。"你一定不要这样回复："这有什么，之前我为了一个项目连续一周每天只睡三个多小时，别说吃饭了，连喝口水都是奢望。"

当朋友说："我失恋了，好痛苦。"你一定不要这样去安慰人家："不就是失恋吗？我最近刚辞职，工作都还没稳定下来呢，比你痛苦。"

很多人总觉得人生只要有了对比，对方的痛苦就会变得不值一提。事实是，一句"我比你更惨"就剥夺了对方宣泄情绪的权利，完全否定了对方宣泄情绪的合理性——更重要的是，它还将谈话的中心转移到了自己身上。

"我比你更惨"这句话其实低估了别人的痛苦，也夸大了自己的心态。每个人很难对别人的生活做到完全地感同身受，既然不能体会别人的痛苦，就不要通过比惨的方式贬低别人的痛苦。

现在快节奏的生活中，有数不清的能够让人崩溃的瞬间。那些擅长安慰他人的人，不经意间的几句话就能让对方重获自信；而那些不会安慰他人的人，总会将好心变成

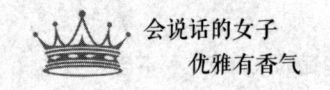

伤害。所以说,多少人沟通交际就输在了"不会说话"这四个字上。

会说话是生活中的一项基本技能,不会说话的人,即使出发点是真诚的关心,对方也不能感受到你的善意,相反,还会"帮倒忙"。

盈盈是一个正在读大三的姑娘,有一天周末她跟同学一起出去吃夜宵,同行的还有她正在暗恋的男神郑铁男。

一群人到了烧烤店,不一会儿,烤串、脆骨、鸡翅就源源不断地端上来了。

盈盈心想:我平时算是个吃货,但现在男神就在面前,我一定得注意形象。于是,她整晚都特别克制,全程吃得斯斯文文。

虽然抵制美食的诱惑是一件很困难的事情,但还好付出就有了回报——一晚上,盈盈发现郑铁男偷瞄了自己好几眼,甚至还时不时地朝自己微笑。

正当盈盈暗自开心时,室友梦甜突然问:"盈盈,你今天状态不佳呀,往常你都能吃两个烤猪蹄,难道今天肠胃不舒服吗?"

第六章
会说话的人，运气都不会太差

还没等盈盈回答，梦甜拿起一串烤鸡翅塞进盈盈的手里，并大笑着说："盈盈，快给大家展示一下你的技能——一口吃掉鸡翅。"

于是，盈盈苦心经营一晚上的淑女形象，在梦甜的一句话前面土崩瓦解。

其实，梦甜是开玩笑也好关心也罢，她并不是说了一句错误的话，顶多只能算是不会说话。但很多事情，坏就坏在不会说话上，因为这会让那些被动承受结果的人有苦说不出。

这件事过去没几天，郑铁男竟然约盈盈和梦甜吃饭，盈盈自然不胜欢喜。

吃饭的地点约在校园门口不远处的一家餐馆，到场的有盈盈、梦甜、郑铁男和他朋友。

到达餐馆之前，盈盈一再叮嘱梦甜，到时尽量少说话。

因为聚过一次会，双方之间已经熟络，大家聊着、吃着倒是很轻松。等菜上得差不多时，一直没怎么吭声的梦甜突然一拍桌子，说："要我说，咱们以后聚会别来这家饭店了，白白浪费钱。"

这句话一抛出来，大家都有些诧异。

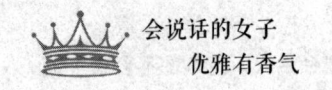

没等有人响应,梦甜又自顾自地接着说:"这个水煮鱼里面几乎都是豆芽,看不到几片鱼肉;这个干锅土豆片里,土豆下面垫的全是白菜;还有那份椒盐虾,虾没几只不说,还不新鲜……"

梦甜喋喋不休地抱怨了许久,盈盈在一旁尴尬地拉了她好几次,结果她还说:"这不都是为了让大家少吃点亏,我才说的嘛。"

也许梦甜的抱怨是表现出了自己的真诚,可这一顿饭是郑铁男请客,当着别人的面对饭菜评头论足,显然欠缺了最基本的礼数——哪怕是家人,也不能因为所谓的真诚丢了应有的礼貌。

梦甜这一番话说完,原本乐呵呵的郑铁男瞬间黑了脸,气氛顿时安静了下来。直到吃完饭离开时,他明显还有些闷闷不乐,分别时一言不发,只跟大家简单地挥了挥手算作告别。

会说话,不光是为了让别人听起来舒心,也是为了让自己成为更好的人。会说话的人,走到哪里都会受人欢迎。

每个人都希望能改变命运,其实改变命运很简单——

第六章

会说话的人，运气都不会太差

嘴里的话就是你的人生。会说话的人，运气一定不会太差。

生活中，会说话的人能处理好家庭和朋友的关系，让自己活得更幸福；职场中，会说话的人也能迅速给别人留下好印象，从而让自己更好地工作。

有人说，每个人都是一只特立独行的刺猬，在带着刺生活。但如果你想被世界温柔以待，还是要学会说话，隐藏自己语言中的刺。

你一定见过这样的现象：同是员工，别人升职加薪了，自己的职位和薪酬迟迟没起色；同是做销售，别人不费吹灰之力就拿到了大单，自己磨破嘴皮还是被拒绝了；同是谈恋爱，别人颜值一般，总能跟优秀的人在一起，自己长相不差，恋爱却屡遭失败。

那么，为什么你总是运气不佳呢？就是因为你情商低，不会说话。

在《奇葩说》中被称为"辩论之神"的黄执中说："人生的困扰，十之八九都出在人际关系上，而人际关系的困扰，十之八九都是因为沟通出了问题。"所以，所谓"运气不佳"，只是因为你不会说话罢了。

不会说话的人，总是得罪了别人也不自知，玩不转、

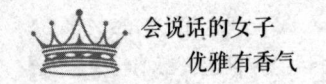

混不开，莫名其妙地吃哑巴亏。相反，会说话的人总能既巧妙地表达自己的想法又能让人心生愉悦，在交际圈中受到欢迎，生活自然也"好运"常伴。

4. 一开口就让人喜欢你

英国诗人本·琼森说："语言最能暴露一个人，只要你说话，我就能了解你。"

一个人的气质和魅力，不仅体现在外表上，还体现在说话上。情商高的人，一开口就会让别人喜欢上。

《欢乐颂》热播的时候，有不少网友在官博下吐槽邱莹莹情商低，说她不开口只是一个"傻白甜"，但一说话瞬间就惹人讨厌了。

某一次，樊胜美见邱莹莹沉迷在白主管的各种花言巧

第六章
会说话的人，运气都不会太差

语中，为了让她在爱情里多保留一些警惕心，故意编造了身边同事被渣男伤害的故事。谁知邱莹莹不仅没有引以为戒，反而一句话直插樊胜美的痛处："我也不能太挑呀，最后挑到 30 岁还结不了婚不就完了吗？"

也许在邱莹莹的心里，这句话只是随便一说，但在一直钻营婚姻的大龄剩女樊胜美耳朵里听来，就像是一种赤裸裸的嘲讽。

还有一次，樊胜美因为被自己的亲哥和亲妈坑了，正在独自难过时，邱莹莹却在她面前不停地念叨她爸爸有多么爱自己，幸好她爸爸没有再给自己生一个弟弟。也就是樊胜美了解她，知道她心直口快，没什么坏心眼，不然友情早就完了。

相比而言，樊胜美不愧是职场高级 HR 的代表。无论是职场精英安迪，还是原本瞧不起樊胜美的富家女曲筱绡，最后都将樊胜美当成了真心朋友，会为了她的家庭琐事而奔波。

在电视剧里，我们经常能看到樊胜美语出惊人，各种哲理性话语张口便来。比如，劝邱莹莹对爱情不要盲目时，甚至用燕子窝来比喻，让观众不禁会心一笑。

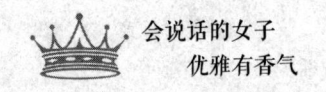

当见到安迪和曲筱绡都拎着大闸蟹回来的时候，樊胜美说：“我会煮。”这种细致入微的体贴是高情商的体现，更彰显了她良好的教养，能让人如沐春风卸下心防。

不得不承认，樊胜美真的很懂处世之道。虽然她的不圆满来自原生家庭的拖累，但在日常生活中，只要有她在，总是能轻易把身边的人都带入聊天氛围中。

确实，樊胜美那么讨人喜欢，收获了不少真心朋友，与她会说话有很大的关系。简单的交流会使得对方听着舒服，心情愉悦，这就是懂得沟通所能带来的效果。

有温度的语言不仅会感染别人，给对方带来温暖，也会让自己快乐无比。

不久前，朋友伦伦刚换了一份新工作。结果，才上班不到一个月，她就恨不得立刻辞职，而原因竟是她受不了同事橙子的"毒舌"。

橙子的座位在伦伦的旁边。因为新入职，伦伦对公司很多人事并不熟悉，而和她年龄相差不大的橙子特别热心，把公司各种需要注意的事情都跟她说得特别详尽。

午餐时间，橙子还跟伦伦一起到公司附近去吃饭，告

第六章
会说话的人，运气都不会太差

诉她哪家饭店的炒菜味道好，哪家甜品屋的咖啡最好喝。伦伦也特别感激橙子的热心，时不时地还会带点水果、零食给她。

大概橙子觉得已经跟伦伦成了好朋友，说话时便不再有所顾忌。

一天，伦伦从家里带来几盒巧克力饼干，她刚给橙子递过去，结果橙子仿佛见到病毒一样，立刻摆手说："我可不敢吃，这东西热量很高。你也不要吃了，你看你现在都有小肚子了，胖得简直能跟怀孕三个月的孕妇相媲美。"

伦伦其实并不胖，只是因为工作的关系加上缺乏锻炼有小肚子罢了。第一次被人说胖的她只能尴尬地笑了笑，把伸出去的手缩了回来。

自从这一次之后，伦伦发现橙子真的特别爱打击她。午休时，她正在吃零食，橙子看见了会用夸张的语气说："这种食物的质量最不好啦，很多都是小作坊生产的，质检根本不达标。"

伦伦和橙子出门逛街买衣服的时候，橙子也会说："这件衣服把你身上的肉都勒出来了，整个人就像套了一个轮胎一样。"

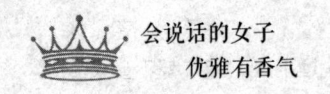

周末同事聚餐时,橙子会说:"伦伦,你的饭量太大了,估计比咱办公室的男同事吃得都多。"她夸张的语气瞬间吸引了大半同事的目光,而此时伦伦早已羞红了脸。

每一次橙子说完伦伦后,看到伦伦似乎有点不开心的样子,就连忙辩解道:"哎呀,我这不是把你当朋友吗?而且我这人就是心直口快,你别介意啊!"

有一次,伦伦在网上找代购买了几支口红,拆快递的时候找橙子借剪刀。结果,伦伦刚把包装打开,橙子立刻脱口而出:"口红这种东西看着好看,据说会致癌,而且有些口红是不正规的小作坊生产的,细菌数量比马桶里的都多。"

等看到口红的颜色后,橙子又来了一句:"哎哟,颜色这么深,涂起来绝对就是一中年妇女呀。"

伦伦买了自己喜欢的口红,本来兴高采烈的,结果竟然被橙子的三言两语气得几天都没什么好心情。

过了几天,伦伦跟其他同事说,最近她开始忌口和早睡早起,感觉皮肤都变好了不少。橙子恰好经过,又插了一句:"脸上涂了这么厚的粉底,皮肤能好吗?"

伦伦跟我吐槽:"每天有这样的同事在身边嚷嚷,我

第六章
会说话的人，运气都不会太差

怎么都想再换一份工作！"

的确，不论跟谁相处，一定要懂得什么话该说、什么话不该说，别让自己一开口就树敌。

夏夏的性格一点也不像她的名字，没有夏天的炽热，却拥有冬天的温暖与安静，说话更是慢条斯理，不急不躁，朋友们经常调侃夏夏应该改名叫冬冬。

不管是在工作中还是生活中，身边的朋友有什么事情都喜欢找夏夏聊，夏夏常笑自己是朋友圈中的倾听者。

夏夏有一个优点，那就是她从不会在与他人说话时将自己的情绪带入到聊天中，哪怕是心情特别不好时，也不会把这些情绪带入。

正是因为夏夏懂得管理自己的情绪，工作两年左右就从一名普通的办公室职员升为人事主管。

在工作中，不管是上情下传，还是下情上传，她都能很好地处理好，同事们都觉得夏夏生来就适合做这项工作。可又有谁知道，夏夏还在读大学的时候也是一个非常情绪化的姑娘，她之所以改变了那么多，是她在读书时期兼职做餐厅服务员遇到的一件事情，让她明白了管理自我

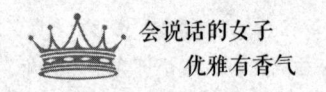

情绪的重要性。

那时的夏夏在某饭店做兼职服务员,没有任何工作经验的她,在与客人沟通说话时从不会去考虑太多,一般是想到什么就会直接跟客人说,说话语气全凭自己的心情。

有一次,一位三十多岁的女士带着孩子在餐厅点了一份牛排,由于这位女士来得相对晚一些,所点的热销牛排已经售完。夏夏告知客人牛排售完的消息后,对方还坚持要点这份牛排,想请夏夏跟后厨说一声帮忙再做一份,但夏夏摇摇头道:"不好意思,这份牛排确实没有了,给你换其他的可以吗?"

"不行,今天我带着孩子来就是想吃这份牛排,此时你应该是想办法如何解决客人的需求,而不是在这里干站着。"客人还是不依不饶。

夏夏看着客人的说话态度,也很生气地说:"都知道这份牛排是热销品,你就不知道早点过来?来得那么晚没有了,怪谁?"

客人一看夏夏这样的说话态度,也是立马气得冒烟,直接怒道:"跟你说话简直是浪费我的时间,把你们的经理叫过来!"

第六章
会说话的人，运气都不会太差

听到吵闹声，经理赶了过来，一边和颜悦色地跟客人做解释，一边让后厨准备了一份其他口味的牛排，并告知客人这是免费赠送的。

夏夏看着经理卑躬屈膝的样子，心里很不是滋味——明明是客人的错，偏偏全往自己的身上揽，凭什么呀？

经理看到夏夏脸上写满了不服气，把她叫到一旁道："顾客是上帝，对于他们的要求，只要在合理范围内都要想办法去满足。吃点亏对于我们来说未必是件坏事，有时候可能还会是一件好事情。夏夏，你一定要记住，把情绪带入到工作中是职场大忌。"

这件事被餐厅老板知晓后，夏夏也付出了比较重的代价——那一个月的工资扣掉了一半。

这时夏夏才意识到问题的严重性，自此以后，她谨记着经理的话，开始反思自己，注意自己的言行。慢慢地，夏夏学会了控制自己的情绪。

现在，夏夏在工作中哪怕遇到让自己很委屈的事，她都不会将情绪带入到工作中，任何时候都会对事不对人。这样，她在工作中得到了领导与同事的认可，在生活中也拥有了一群信赖她的朋友。

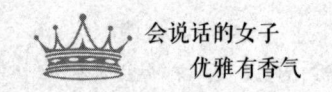

试想一下,如果夏夏明知自己的情绪有问题也不加以管理,还继续我行我素,她会成为现在成功的职场人吗?

答案当然是:不会。

我们总会碰到这种人,他们明明就是不会说话,还非要往自己身上贴"直爽"的标签。从他们的嘴里经常能听到类似下面的话:

"你在减肥吗?完全看不出来,感觉更胖了。"

"你竟然还化了妆,穿得这么好看,是为了去勾引谁呢?"

"你都这么穷了,竟然还想着买车!"

谈话的时候,为什么有的人让你感觉分分钟都在尬聊?而跟有的人聊天,却能让你觉得相见恨晚、想要引为知己?

在聚会时,为什么有人总能大放异彩,说出的话永远能打动人心?有的人永远只是可有可无的陪衬,甚至一张口就让人生厌?

恋爱中,为什么有些男生总能轻松就哄得女友开心?有些男生总莫名其妙地惹女友生气?

第六章
会说话的人，运气都不会太差

职场中，为什么有人总是顺风顺水，能跟领导、同事高效沟通，得到重用、提拔？有人却总是出现沟通问题，难得升职加薪？

其实，这一切只是因为你不懂得说话的艺术罢了。那些能在社交场合进行有效沟通的人，都深谙说话的艺术，他们一开口就会让人喜欢。语言是很奇妙的东西，它可以是一朵鲜花，让人欣赏；也可以是一把利剑，能刺伤人。

一个情商高、会说话的人，不仅懂得化解自己遇到的尴尬，同时还能凭借自己的本事赢得他人的喜欢。

一个人即便没有令人骄傲的背景，也能通过后天的努力，不断学习、不断完善自己，让自己成为会说话的人。

会说话的人，一开口就会让人喜欢。

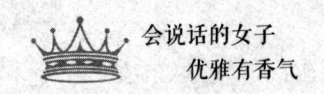

5. 会说话的人，运气都不会太差

我曾经看过两句有趣的话："所谓的会说话，其实就是会换位思考！""懂得闭嘴是教养，学会说话是修养。"

有些人觉得自己会说话，但当你用心去观察时，会发现他们所谓的会说话只不过是在不停地说——别人都已经产生抗拒感了，他们却从未察觉。所以，他们的运气差。

那么，真正会说话的人是什么样子的呢？

会说话的人，运气都不会太差。因为，在说话的时候，他们不会滔滔不绝地讲自己感兴趣的事情，而是了解别人的内心所需，明白投其所好的重要性——哪怕是遇到不熟悉的人，他们也懂得选择话题，不会尬聊。

第六章
会说话的人，运气都不会太差

小白算是我众多朋友中的单身贵族，她头脑灵活、向往自由。大学毕业后，她并没有按父母的意愿去考公务员，而是选择了创业。

关于大学生毕业流行过一句话：毕业意味着失业。大学毕业后，小白偏偏拿出了这些年自己存下来的压岁钱、生活费，还说服父母让他们投资自己创业。

小白开了一家玩具专卖店。刚开始，小白对玩具市场不熟悉，玩具店的生意不太好，这事差点把她爸妈给气得半死。还好，经过了三个多月的磨合期，玩具店的生意开始实现盈利状态。

小白的成功，不在于她有多聪明，而是她的嘴甜，会说话。

每当看到顾客带着孩子来店里看玩具时，小白会特别热情地向大人介绍玩具的特性，还给孩子展示玩具的特别之处。哪怕费了很大的劲，最后顾客还是不买，她的脸上也从来看不到失落的神情，总是那么阳光。

有一位顾客已经光顾过玩具店四五次了，每一次带着孩子就是来看看，从来没买过一件玩具。哪怕是这样，小白的脸上也没有表现出过任何的不高兴。相反，每一次她

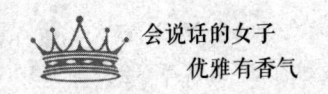

都是热情地接待人家:"大姐,有段时间没见,你越来越越来越精神了,是怎么保养的呢?把保养方法也告诉我呗,回头我也试试。"

那顾客被夸得有点不好意思了,笑着说:"小姑娘,你这嘴像抹了蜜似的,按辈分来说,你得管我叫阿姨了。"

每一次被顾客回夸时,小白总是说:"冤枉呀大姐,我说的是实话。你要不说你是这孩子的奶奶,我还真以为你是他妈妈呢。要不你问问孩子?宝贝,你觉得奶奶是不是漂亮又有气质?"

那孩子很认真地点了点头,说:"我奶奶是世界上最漂亮、最好的。"

"大姐,我就说嘛,你看,群众的眼睛是雪亮的。"小白说。

还没等小白推荐玩具呢,这位顾客蹲下身宠溺地对孩子说:"乖,你想买什么玩具告诉奶奶。"没一会儿的工夫,顾客就买走了一款遥控汽车、一款遥控飞机、一桶积木。

会做生意的小白,也不忘加大店铺的宣传力度,马上对这位顾客说:"大姐,你不考虑在我们这里办一张会员卡吗?会员卡不仅能享受优惠价,每个月还能参加我们的

第六章
会说话的人，运气都不会太差

抽奖活动，而且中奖率高达 100% 呢。"

这位顾客想了一下，还是办了会员卡。小白见状，当即给孩子赠送了一款小型遥控坦克。

其实，被人夸赞谁都会感到高兴。案例中，小白之所以能推销成功，是因为她抓住了人们的心理，不吝啬对别人的赞美，说的话既不苍白无力，也不会让人感到是故意恭维。

试想一下，对于常人来说，进店好几次都未曾买一件商品的人，再次进店，老板的内心肯定是不高兴的，因为觉得对方这次肯定也不会买什么。但小白在顾客进店后，先不推销玩具，而是以唠家常的方式开启话题，让对方毫无征兆地陷入她的聊天"陷阱"。这样一来，顾客不反感，小白的内心也不会因为对方不买玩具而有落差，可以说给了彼此一个进退自由的空间。

千万别小看说话的魅力，当你与他人好好说话时，会发现好运真的会常伴身边。

叶洋在一家化妆品店从事导购工作，她入行已经半年了，但业绩一直令人堪忧。公司给了她最后一个月的实习

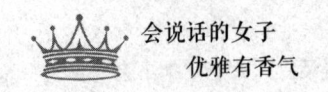

期，如果她还不能完成业绩将被辞退。

细究起来，真正导致叶洋业绩不好的原因只有一个：不会说话。

叶洋的家庭条件较好，从小她就是父母的掌上明珠，这也养成了她傲慢与要强的性格。

父母给叶洋找过一些条件比较好的公司，但每次她工作不到一个月连招呼都不打就离开了，导致后来父母也懒得管她了。

因为一直对化妆品行业感兴趣，每天也会把自己收拾得精致美丽，后来叶洋应聘到了现在的化妆品店上班，从实习导购开始做起。

有一天，叶洋跟往常一样站在专柜旁，一位40岁左右的中年妇女走了过来。叶洋赶紧上前接待："欢迎光临，请问你想看哪一款化妆品？"

中年妇女并没搭理叶洋，而是自顾自地看着。接着，叶洋又一本正经地说："女士，请问有什么能帮你的？或者我可以推荐一款适合你现在这种皮肤干燥、没水分的护肤品哦……"

还未等叶洋说完，中年妇女就不高兴地说："你哪只

第六章

会说话的人，运气都不会太差

眼睛看到我的皮肤很干？我只是看看而已，有需要的话再叫你。我最不喜欢在挑东西的时候有外人打扰，还是个不会说话的人。"

听到这话，叶洋瞬间也不高兴了，脸上浮现出了不开心的表情，道："你怎么这么……"

"我怎么了？"顾客的声音高了起来。

这时，店长赶紧跑了过来，一边拉开叶洋，一边笑脸盈盈地对中年妇女说："您好，先消消气，她是新来的，还不是很熟悉导购工作，一看您平时就是对护肤产品比较有研究的人。"

店长还未说完，中年妇女看了她一眼，问："你是谁？"

"我是这里的店长。"店长说完，适时地跟在中年妇女旁边，任凭她自己去挑选。这时，只听中年妇女咨询道："你觉得这款护肤品补水如何？"

"女士，您的眼光果然与众不同，这款是我们店卖得最火的一款。特别是像现在这种干燥的冬天里，它补水可保湿12个小时以上，如果您坚持使用，相信它不会辜负您的期望。"

店长给顾客留了面子，又说到了她内心的需求，最后，

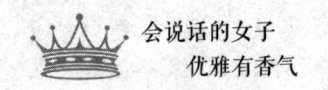

这位顾客买走了一整套护肤品，还高兴地加了店长的微信，说有什么好经验或者日后有什么活动可以分享给她。

站在一旁的叶洋看得目瞪口呆。目睹了店长与顾客的说话方式，她崇拜地说："店长，你好厉害，佩服。"

店长没有多说什么，只是告诉叶洋："你要记住一句话：会说话的人，从来不会把话给说死；而不会说话的人，永远会把人拒于千里之外。"

没过多久，叶洋又接待了一位年轻的美女顾客。美女一进门，直接就问叶洋："导购，最近你们这里有没有什么新产品推荐？"

叶洋一看，终于遇到一位愿意听自己推销产品的顾客，立刻高兴地上前，开启了滔滔不绝的推荐——上到国际大牌，下到三线以外的化妆品，她通通都给顾客讲了一遍。

这时，美女顾客很不高兴地翻了一个白眼，说："你是在向我显摆你更懂化妆品吗？"

"美女，你误会了。你不是说要我推荐吗，所以我才给你推荐了这么多，平时我都不怎么去推荐的。"叶洋的回复将声音提高了很多。

第六章
会说话的人，运气都不会太差

美女顾客一听，更加不高兴地说："这是你跟顾客说话的态度吗？"

看着气氛不对，店长立刻跑了过来，赔着笑脸说："这位美女，一看你这打扮，妆容画得如此精致，肯定是一位美妆达人，不知道今天你有哪一方面的需求？"

最后，了解了美女顾客的需求后，店长成功地将店内热销的化妆品推销了出去。

叶洋正在闹心呢，店长走过来生气地说："叶洋，我再给你最后一个月的时间，如果你还是这样来一个顾客被你气跑一个，你就不用再来干了，回家当你的大小姐去吧！"

叶洋一肚子的委屈，她认为自己没错，只不过是顾客太挑剔罢了。而她并没有意识到，自己真正的问题就在于不会说话。

对于叶洋而言，正应了一句话：会说话的人，会抢对象；不会说话的人，对象只会被抢。

试想一下，如果叶洋一开始就明白说话的重要性，懂得抓住顾客的心理，投其所好，就不会出现推销失败的情况。

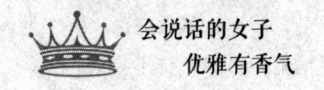

平时，很多人从来不会去想要如何与人说话沟通，只会一个劲地把自己想说的话都说出来。他们不会去换位思考，不管别人是否愿意听自己说，觉得只要自己喜欢、自己开心就好了，其实这是情商低的表现。

所以，你一定要明白：会说话的人，都受人喜欢；会说话的人，运气都不会太差。